W0208266

Die Frau in der Literatur

Anaïs Nin

D. H. Lawrence – Lektüren der Leidenschaft

Mit einer Einführung von
Harry T. Moore

Aus dem Amerikanischen übersetzt von
Bernd Samland

Ullstein

Die Frau in der Literatur
Ullstein Buch Nr. 30319
im Verlag Ullstein GmbH,
Frankfurt/M – Berlin

Deutsche Erstausgabe

Amerikanischer Originaltitel:
D. H. Lawrence – An Unprofessional Study

Umschlagentwurf:
Theodor Bayer-Eynck
Foto: Gunther Stuhlmann

Printed in Germany 1993
Gesamtherstellung:
Ebner Ulm
ISBN 3 548 30319 6

August 1993

Die Deutsche Bibliothek – CIP-Einheitsaufnahme

Nin, Anaïs:
D. H. Lawrence – Lektüren der Leidenschaft / Anaïs Nin.
Mit einer Einf. von Harry T. Moore. Aus dem Amerikan. übers. von
Bernd Samland. – Orig.-Ausg. – Frankfurt/M; Berlin: Ullstein, 1993
(Ullstein-Buch; Nr. 30319: Die Frau in der Literatur)
Einheitssacht.: D. H. Lawrence <dt.>
ISBN 3-548-30319-6
NE: GT

Inhalt

». . . Es ist die Aufgabe des Kritikers, ein Werk an seinem eigenen konkreten Wahrheitsmaßstab zu messen . . .«

Henry James

Einführung

von Harry T. Moore

1932, D. H. Lawrence war zwei Jahre tot, veröffentlichte ein junges Mädchen in Paris ein Buch über ihn. Es war Anaïs Nin, und es handelte sich um das vorliegende Buch, das längst eine Neuauflage verdient hatte.

Vermutlich ist es zweckmäßig, A. N.s Karriere seit 1932 vorzustellen. Sie hat eine Anzahl bemerkenswerter Romane und Erzählungsbände geschrieben, die ihr ein besonderes Publikum gewonnen haben. Zu ihren Büchern zählen ›Kinder des Albatros‹, ›Haus des Inzests‹, ›Unter einer Glasglocke‹, ›This Hunger‹, ›Djuna oder Das Herz mit den vier Kammern‹, ›Ein Spion im Haus der Liebe‹, ›Labyrinth des Minotaurus‹ und ›Winter of Artifice‹. Glücklicherweise sind diese Bücher [in den USA] in den Ausgaben von Alan Swallow lieferbar, des Verlegers in Denver, der sich schon seit vielen Jahren für einige der besten zeitgenössischen Autoren einsetzt. Kritiker von Rang wie Edmund Wilson und Rebecca West haben Anaïs Nins Büchern ihre Hochachtung gezollt, denn wie so viele andere Leser haben sie sich faszinieren lassen von der Sensitivität und Sensibilität dieses Werks, das durch den Oberflächenrealismus unserer Zeit zu einer überraschenden Realität darunter vordringt.

Neben ihrer Erzählkunst hat Anaïs Nin einen Großteil ihrer Zeit einem Projekt gewidmet, das sich wahrscheinlich als eine der aufregendsten literarischen Leistungen unseres Jahrhunderts erweisen wird. Ich spreche von ihrem berühmten Tagebuch, von dem nur kleine Teile veröffentlicht worden sind – diese aber erweisen seine literarische Bedeutung als Dokument von Rang. Anaïs Nin hat es in ihrer Kindheit in einer Zeit der Verwirrung und Belastung begonnen, und sie hat es getreulich weitergeführt, so daß es jetzt angeblich Hunderte von Bänden umfaßt. Diese werden eines Tages ans Licht der Öffentlichkeit kommen, wenn auch vielleicht erst, wenn die Techniken der Reproduktion und der Veröffentlichung weit genug fortgeschritten sind, um solch ein umfangreiches Werk vielen Lesern leicht zugänglich zu machen; wer von uns das nicht mehr erleben wird, kann diese Leser nur beneiden.

Aber zurück zu D. H. Lawrence. Einige Worte über die Situation von 1932 sind angebracht. Denn da der Ruhm von Lawrence gegenwärtig so groß ist, können sich alle, die nicht mehr wissen, wie er zu seinen Lebzeiten und kurz nach seinem Tode eingeschätzt wurde, nur schwer vorstellen, wie wenig er gewürdigt und wie häufig er verspottet wurde. Er hatte ein kleines und treues Publikum, einige tausend Leser, die ihm genügend Tantiemen verschafften, daß er gerade oberhalb der Armutsgrenze leben konnte. Aber mit wenigen Ausnahmen äußerten sich die Rezensenten seiner Werke entweder herablassend oder brutal, und das breite Publikum kannte Lawrence nur als einen Mann, dessen Bücher bisweilen verboten wurden. Als er 1930 starb, erschienen einige bitterböse Nachrufe, die beim Lesen heute noch schockieren. Wenige Freunde – Richard Aldington, Catherine Carswell, Lady Ottoline Morrell und John Middleton Murry – verteidigten Lawrence gegen die allgemeine Gehässigkeit der Presse. Großherzige Worte fand E. M. Forster, der Lawrence flüchtig gekannt hatte; im Gegensatz zu der in Bloomsbury herrschenden Auffassung nennt Forster ihn den größten imaginativen Romancier seiner Generation. Und der Ton seiner Würdigung hebt sich von solch verleumderischen Aussagen über Lawrence ab, wie sie im Nachruf im *New Yorker* zu lesen waren. Dieser stammte von Genet (Janet Flanner) in ihrem »Bericht«, daß Lawrence geglaubt habe, seine »Schriftstellerfreunde« wie auch C. G. Jung hätten ihm seine Ideen gestohlen. Nun habe ich sowohl eine kritische Biographie über Leben und Werk als auch eine normale Lebensbiographie über Lawrence geschrieben und in beiden eine Menge Quellenmaterial ausgewertet; außerdem habe ich in zwei Bänden mit insgesamt 1200 Seiten seine ›Collected Letters‹ herausgegeben; und ich kann in aller Deutlichkeit sagen, daß ich in dem Material keinerlei Anhaltspunkte gefunden habe, die Genets lächerliche Anschuldigung stützen. Ebensowenig ist irgend etwas Wahres an ihrem sensationsheischenden Bild von Lawrence, er habe »neben anderen Verschrobenheiten eine Vorliebe gehabt, sich seiner Kleidung zu entledigen und Maulbeerbäume zu besteigen«.

Diese Art Schund war tonangebend in angeblich verantwortungsbewußten Publikationen. Und dabei ist es jahrelang geblieben. Deswegen war Anaïs Nins Buch 1932 so erfrischend: Es sah Lawrence als Schriftsteller, als großen Schriftsteller, und es erforschte auf sensitive Weise sein Werk.

Es hatte auch schon andere Bücher über Lawrence gegeben, darunter 1930 ein lesenswertes von Stephen Potter, ›D. H. Lawrence: A First Study‹. 1931 fügte dagegen Murrys ›Son of Woman‹ dem Ruf Lawrences ernsthaften Schaden zu. Murry war, wie schon gesagt, einer derjenigen gewesen, die Lawrence gegen die bösartigen Nachrufe in Schutz nahmen; aber als er sich den Kopf über seine Beziehung zu Lawrence zerbrach, entstand daraus ein seltsames Buch. Murry hegte den Wunsch, den sehr starken Wunsch, seinen Freund und zumindest Teile seines Werks zu loben, doch seine eigene qualvolle Beziehung zu Lawrence kam ihm dabei in die Quere. Es sei hier nur erwähnt, daß Murry gewöhnlich ein guter Kritiker war – von Menschen, die er nicht kannte.

Außer dem Buch von Anaïs Nin erschienen im folgenden Jahr noch zwei Werke von Frauen. ›Lorenzo in Taos‹ von Mabel Dodge Luhan reichte aus, um Lawrence ins Zwielicht zu rücken, auch wenn es sich beim Leser womöglich nur so auswirkte, daß er sich fragte, warum ein erstklassiger Schriftsteller es mit einer Person aushalten konnte, die dermaßen aus dem seelischen Gleichgewicht geraten war, wie Mrs. Luhan in ihren eigenen Worten offenbarte. Aber Autoren haben nicht immer Glück mit den Menschen, die sie umgeben; die Erfahrung in Taos beschwört die Erinnerung an Matthew Arnolds Kommentar über den Kreis um Shelley herauf: »Was für eine Gruppe! Was für eine Welt!« Lawrence fand jedoch immer noch seine Verteidiger, in Catherine Carswell mit ›The Savage Pilgrimage‹ von 1932, das im Jahr darauf von Middleton Murrys ›Reminiscences of D. H. Lawrence‹ attackiert wurde, und in Dorothy Brett mit ›Lawrence and Brett: A Friendship‹ von 1933. Aber es sind genug Titel, die das Feld einer kurzen Diskussion von Anaïs Nins Werk umreißen. Das Buch erschien zu einer Zeit, als Lawrence nicht kritisch beurteilt wurde, sondern biographisch: Die große Frage in literarischen Kreisen lautete nicht, ob ›Liebende Frauen‹ ein großer Roman sei, sondern ob Lawrence mit Steingut nach seiner Frau Frieda geworfen habe. Allerdings veröffentlichte Horace Gregory 1933 eine ausgezeichnete Kritik, ›Pilgrim of the Apocalypse‹ – ein Buch, das zwar ›Liebende Frauen‹ unterschätzte, aber immer noch eine wertvolle Studie ist.

Die Bücher von Nin und Gregory reichten jedoch nicht aus, um die Aufmerksamkeit des Publikums von den widerstreitenden Biographien abzulenken. Lawrence verschwand während der Depression und des Zweiten Weltkriegs aus dem öffentlichen Bewußtsein, weil die Leser ihn als irrelevant einschätzten; sie konnten nicht erkennen, daß Lawrence der Prophet gerade dieser solcher Katastrophen gewesen war, konnten nicht erkennen, was ein »gewandelter« Murry 1956, nicht lange vor seinem Tod, hervorhob: »Lawrence stand allein mit seiner tiefen Voraussicht der Krise der Humanität, so wie sie sich seit seinem Tod entwickelt hat.« Tatsächlich kam Lawrence erst in den 50er Jahren kritisch zu seinem Recht, als so ausgezeichnete Interpretationen wie ›D. H. Lawrence and Human Existence‹ von Pater Martin Jarret-Kern (1951, rev. Ausg. 1961) erschienen [1963 deutsch als ›Lust und Ewigkeit: Religiöse Perspektiven im Werk von D. H. Lawrence‹]. Seitdem sind weitere hervorragende Lawrence-Interpretationen veröffentlicht worden, und jetzt liegt uns der willkommene Neudruck von Anaïs Nins bahnbrechendem Werk vor, das sich im Untertitel bescheiden als »nicht literaturwissenschaftliche Studie« bezeichnet.

Mein eigenes Exemplar ist auf dem Vorsatzblatt »Paris 1932« datiert und enthält eine Mitteilung seines Pariser Verlegers Edward W. Titus, der zufolge er fünfhundertundfünfzig Exemplare des Buches gedruckt hat, »für Subskribenten von 1 bis 500 numeriert, und fünfzig Exemplare, numeriert von 501 bis 550, für die Presse. Dies ist Nr. 323«. Daß meine Bewunderung für das Buch andauert, zeigt sich an den Worten, die ich 1951 in der ersten Auflage meines Buches ›The Life and Works of D. H. Lawrence‹ darüber gefunden habe; dort heißt es, daß Anaïs Nins Studie »eines der wertvollsten Bücher über Lawrence ist, da es die *Textur* seines Werkes erörtert«. Augenblicklich ist in New York eine Neufassung von ›The Life and Times‹ im Druck; ich habe zwar das Manuskript nicht zur Hand, aber diese Worte habe ich mit Gewißheit nicht geändert.

Wichtig ist, daß Anaïs Nin die Textur von Lawrences Werk erörtert. Unter diesem Gesichtspunkt betrachten Sie nun diese Aussagen ihres Buches:

»Lawrences Sprache wirkt körperlich, weil er seine eigene körperliche Reaktion in das Objekt seiner Beobachtung hineinprojizierte ... Er durchdringt es vollkommen mit seinen Sinnen. Deshalb führt sein abstraktes Denken immer in die Tiefe: Es ist wirklich konkret, es geht durch die Nerven-, die Sinnesbahnen hindurch ... Lawrence versuchte sich mit seinem Schreiben an sehr schwierigen Dingen. Er verstand es als Instrument mit unbegrenzten Möglichkeiten; er gab der Sprache die *schwellende Plastizität von Skulpturen*, das Gefühl wuchtiger leiblicher Fülle; deshalb die Lenden der Männer und Frauen, die Hintern und Hüften. Er gab ihr die Nuancen der Malerei: deshalb das Bemühen, Farbschattierungen in Wörtern zu vermitteln, die noch nie für Farben benutzt worden waren. Er gab ihr den Rhythmus der Bewegung, des Tanzes: deshalb seine eigensinnigen, formlosen, fließenden, wortzertrümmernden Beschreibungen. Er gab ihr Klang, Musikalität, Kadenzen: Deshalb wurden Wörter bisweilen weniger ihrer Bedeutung wegen als vielmehr wegen ihres Klanges eingesetzt. Es war ein Wagnis, das er unternahm. Manchmal mißlang es ihm. Gewiß aber war es ein Spalt in der Wand und eröffnete uns eine neue Welt.«

Schwerlich läßt sich der Magie von D. H. Lawrence noch näherkommen als mit diesen Worten. Das obige Zitat ist eine Zusammenstellung aus mehreren Passagen, die in ihrer Gesamtheit gelesen werden sollten, wie es der Leser dieses Buches nun tun kann. Ich möchte auch gleich deutlich machen, daß Anaïs Nins Studie nicht nur die Textur des Werks behandelt, sondern auch seine gewaltige Ausdruckskraft. Natürlich ist es schwierig, wenn nicht unmöglich, diese Elemente von den Ideen zu lösen, die sie Fleisch werden lassen; Anaïs Nin begeht auch nicht den Fehler, es nur zu versuchen. Ihr ausgezeichnetes Verständnis dessen, was Lawrence in Büchern wie ›Der Regenbogen‹, ›Liebende Frauen‹, ›Känguruh‹ und ›Lady Chatterley‹ anstrebte, bereichert unser aller Verständnis dieser Romane. Sie wußte, worum es Lawrence ging:

»Lawrence konzentrierte sich auf das Streben nach einer Erfahrung mit all den langsamen, verschlungenen und mühseligen Elementen seiner eigenen Natur. Er wuchs innerhalb des Romans auf eine schweifende Weise, die Formalisten zur Verzweiflung bringt. Was er auf den mannigfaltigen Seitenwegen seiner Einfälle und seiner Intuitionen entdeckte, war manchmal unwesentlich, manchmal einzigartig.«

Die besondere Form der Intuition – die emotionale Erkenntnis –, für die wir in Anaïs Nins eigenen späteren Romanen so dankbar sind, fand ihr erstes Ziel in der Lawrence-Deutung. Gewiß war dieses Buch eine wichtige Stufe ihrer eigenen Entwicklung. Mit dem Tagebuch, das sie seit ihren Mädchenjahren führte, wurde sie zur gereiften Beobachterin des Lebens, zur gereiften Schriftstellerin; aber indem sie sich mit dieser einfühlsamen Lawrence-Interpretation zum erstenmal gedruckt an die Öffentlichkeit wagte, hat sie wahrscheinlich den Weg vom Mädchen zur jungen Frau zurückgelegt. Und was sie auf so wunderbare Weise in der Jugend erkannt und in Lawrences Schriften erschaut hat, ist immer noch sehr wertvoll,

wertvoll für uns alle. Es ist so gut, die Wiedergeburt dieses Buches zu erleben.

Southern Illinois University
28. November 1963

Annäherung an die Welt des D. H. Lawrence

»Die Tätigkeit des Geistes ist zuerst und vor allem die reine Freude des Erkennens und Verstehens, die reine Freude des Bewußtseins.«

Lediglich mit einem einzigen Sinn kann man in die Welt des D. H. Lawrence nicht eindringen. Es bedarf des dreifachen Verlangens des Intellekts, der Imagination und des körperlichen Gefühls, weil er seine Welt auf einer Verschmelzung von Konzepten errichtete, auf einer Philosophie, die sich gegen jede Spaltung richtete, auf einem Plädoyer für eine ganzheitliche Sicht, nämlich »mit Seele und Leib zu sehen«. Denn die Welt, in die er uns führt, ist hintergründig und vielschichtig. Sie ist »letzten Endes ein Chaos, das entweder von Visionen erleuchtet oder aber nicht von Visionen erleuchtet wird«.

Sie ist daher vor allem die Welt der Dichter, und es ist vor allem die Dominanz des Dichters in ihm, die den Schlüssel zu seinem Werk liefert. Er verstärkte und vertiefte Erfahrungen nach Art der Dichter.

Die charakteristischste Haltung des wahren Lawrence ist ein Zustand hohen Ernstes und lyrischer Intensität.

Seine Philosophie war keine kalt konstruierte Formel, keine Ansammlung von Theorien, die sich vernunftorientiert zusammenfügen: Sie *transzendierte die gewöhnlichen Werte*, die durch Instinkte und Intuitionen belebt und befruchtet werden sollten. Einem solchen intuitiven Denken unterwarf er sich selbst und alle seine Romangestalten.

Lawrence zu begreifen heißt daher, die Philosophie von Anfang an nicht nur als ein intellektuelles Gebäude zu begreifen, sondern gleich als leidenschaftliche Blutserfahrung.

Es gehörte zu seinem Wesen, Gefühle und Verwicklungen auf zarte wie auch nüchterne wie auch extreme Art zu sondieren. Unter der Wucht und der Schärfe müssen wir den Dichter spüren, der mittels Visionen und des Urbewußtseins gestaltet. »Das Urbewußtsein im Menschen ist prämental und hat nichts mit begrifflicher Erkenntnis zu tun.«

Lawrence zu lesen sollte heißen, seine Intuitionen bis zur Grenze ihrer Möglichkeiten zu verfolgen, in seine Welt einzudringen, durch die wir jetzt eine erstaunliche Reise antreten wollen. Es wird deshalb eine erstaunliche Reise sein, weil Lawrence sich völlig der Erfahrung hingibt, sie durch sich hindurchfließen läßt, und weil er genau die Eigenschaft des Genies besaß, die aus gewöhnlichen Erfahrungen Essenzen gewinnt, die den Menschen seltsam fremd oder unbekannt sind.

Lawrence hatte kein System, es sei denn, sein ständiges Wechseln der Werte kann ein System genannt werden: *ein System der Mobilität.* Stabilität ist für ihn lediglich ein Hindernis für schöpferisches Lebendigsein.

»Gebote sollten vergehen wie Blumen verblühen. Sie sind nicht göttlicher als Blumen ... Es gibt ein Prinzip des Bösen. Das Prinzip des Widerstands gegen das Lebensprinzip.

Wenn ein Mensch das Leben liebt und die Heiligkeit und das Mysterium des Lebens spürt, dann weiß er, daß das Leben voller seltsamer, subtiler und sogar *widerstreitender Imperative* ist. Und ein Weiser lernt, die Imperative, wenn sie sich stellen – oder sich bemerkbar machen –, zu erkennen und ihnen zu gehorchen. Doch die meisten Menschen verletzen sich tödlich bei dem Versuch, ihre eigenen, neuen, lebensgeborenen Bedürfnisse zu bekämpfen und zu besiegen, die immer wieder seltsamen Imperative des Lebens. Das Geheimnis allen Lebens ist Gehorsam: der Gehorsam gegenüber dem Drang, der in der Seele aufsteigt, dem Drang, der das Leben selbst ist und uns zu neuen Gebärden, neuen Umarmungen, neuen Gefühlen, neuen Verbindungen, neuen Schöpfungen treibt.«

Die Welt des D. H. Lawrence

Der Hintergrund

Am Anfang, am idyllischen Anfang, da Schwierigkeiten nur durch ein halbdunkles Bewußtsein wahrgenommen werden, besitzt Lawrence die weitgehende Freiheit, den Hintergrund wahrzunehmen, und uns bietet sich eine klassische, beinah naive Landschaftsmalerei der Außenwelt wie in ›Der Weiße Pfau‹.

So wie Lawrence, der Dichter, sich entfaltet, wird der Hintergrund ominös, wie in ›Söhne und Liebhaber‹. In der Folge wird der Hintergrund symbolisch, wie in ›Italienische Dämmerung‹. Während die Naturbeschreibungen in diesem Buch vielfältiger sind als je zuvor, ist es doch deren Spiegelung im Geist und in den Gefühlen, die an Bedeutung zunimmt. So, wie er das Universum entdeckt und die Erdkruste mit seiner persönlichen Vision durchstößt, wird der Hintergrund immer stärker symbolisch.

Und nun setzt bei Lawrence das Bewußtsein der Ebenen ein: zwiefacher und mehrschichtiger Ebenen.

Es gibt die Ebene des sichtbaren Universums, Natur, Häuser, Kirchen, Kohlezechen, Filme – das alles sieht das Auge des Künstlers; es gibt die Ebene des korrespondierenden Denkens, das unablässig an seiner Aufgabe arbeitet: zu verstehen und zu verwandeln. Das alles spielt sich auf einer oberen Ebene ab, im Kopf, im Gehirn. Dann gibt es die Ebene des unterbewußten Lebens, das fortwährend im Fluß und in Bewegung ist und seine eigene Weisheit, seine eigenen Impulse hat: der Solarplexus, das Blutsbewußtsein (William Blakes ›Hochzeit von Himmel und Hölle‹). »Das Blutsbewußtsein ist das erste und letzte Wissen der lebendigen Seele: die Tiefe.«

Die Achse

»Das absolute Bedürfnis, das man nach irgendeiner befriedigenden Haltung gegenüber sich selbst und den Dingen im allgemeinen verspürt, führt einen zu dem Versuch, definitive Schlußfolgerungen aus seinen Erfahrungen als Schriftsteller und als Mann zu abstrahieren. Die Romane und Gedichte sind *reine leidenschaftliche Erfahrungen.* Diese [die beiden Bücher über Psychologie, d. V.] sind hinterher entstanden, aus den Erfahrungen.«

Also wenden wir uns zuerst den Erfahrungen zu.

Da seine Welt die Ausweitung seiner gigantischen Imagination ist, die alles zu sehen und zu erfahren sich aufmacht, haben die Romanfiguren ihre Wurzeln in der Wirklichkeit, doch sie werden schon bald von Lawrence aus den vertrauten Bahnen herausgelöst und von ihm verschlungen. Er arbeitet an solch einem umfassenden, fast unpersönlichen Begreifen, daß Wirklichkeiten nicht mehr ausreichen: Er muß Symbole verwenden.

Wahrscheinlichkeiten im wörtlichen Sinn kümmern ihn nicht, und seine Dialoge sind ebensooft unmöglich wie möglich, seine Situationen unwirklich wie wirklich. Er steht außerhalb solcher Dinge. Ein Großteil seines Schreibens läßt sich vielleicht »interlinear« nennen, bemüht er sich doch unablässig darum, die stummen, vom Unterbewußtsein geäußerten Mitteilungen zwischen den Menschen bewußtzumachen und zur Sprache zu bringen.

Als erstes fordert er uns auf, mit ihm gemeinsam am Beginn der Welt anzufangen. Mit seinen eigenen Fragen, die so ernsthaft wie die eines Kindes sind und mit der Dickköpfigkeit eines Kindes gestellt werden, führt er jeden Menschen zurück zum Beginn der Welt, als ob jeder alles noch einmal für sich selbst zu entscheiden, seine eigene Welt zu schaffen, seinen Gott zu finden hätte. (›Jack im Buschland‹.)

Mit Lawrence den Weg zurückzugehen heißt, jede Wertvorstellung anzuzweifeln, und so beginnt seine Umkehrung aller gewöhnlichen Werte.

Dabei geht es darum, wieder zu echten Bewertungen zu gelangen, wie Kinder sie anstellen, bevor sie unterrichtet werden. So sagt ein Kind zu einem älteren Menschen, der mit ihm gespielt und sich aus vollem Herzen auf seine Vorstellungen eingelassen hat: Bist du älter als ich? Wie kann das sein?

Wie kann das sein, daß der ältere Mensch mit dem Kind spielt und sich mit ihm gemeinsam phantastische Dinge vorstellt? Das Kind sieht keinen Unterschied, ob das Alter die Nähe zum Tode bedeutet und Tod einfach heißt, nicht mehr spielen zu können, nicht lebendig zu sein im Gefühl. Das Kind sieht auf die *Wesenseigenschaft des Lebendigseins,* nicht auf irgendeine äußerliche Alterserscheinung, die irrelevant ist.

So sagt Lawrence mit der gleichen reinen, tiefen Nichtbeachtung der Erscheinungen: Alles ist entweder lebendig oder tot, entsprechend den transzendentalen Definitionen von Leben und Tod.

Und genau das ist es, was Lawrence hauptsächlich beschäftigt: die Wahl zwischen Leben und Tod oder vielmehr zwischen einem *vollständigen Leben und dem Tod. Lebendigsein* ist die Achse seiner Welt, das Licht, die Schwerkraft und der Elektromagnetismus seiner Welt.

Erfahrungen

Lawrence nähert sich seinen Figuren nicht in einem Zustand intellektueller Klarheit, sondern mit *intuitiver Logik.* Seine Beobachtung bedient sich *nicht der Augen, sondern beruht auf der zentralen körperlichen Vision* – dem Instinkt. Seine Analyse stammt nicht aus dem Geist allein, sondern aus den Sinnen.

In seinen Figuren fließt gewöhnlich ein doppelter Strom des Lebens: Da ist zum einen das aktive Leben mit seinem entsprechenden Ausdrucksvermögen, und dann ist da noch das *Ausdrucksvermögen der Träume* in Symbolen.

Er erkannte eine tiefe, unterirdische Beziehung zwischen den von ihm so genannten »dunklen Göttern« in uns, die nichts mit den Spitzfindigkeiten des Verstandes zu tun haben. Lawrence hatte erahnt, daß der Verstand ein Jongleur ist, ein geschickter Jongleur, der alles im Gleichgewicht halten und an den rechten Platz fallen lassen kann. Aber seine »dunklen Götter« handeln instinktiv; sie lassen sich nicht täuschen. Ihnen geht es um den Strom des Blut-Lebens. Wir aber wollten die Götter in unserem modernen Leben hintergehen. Wir haben den Geist, den Jongleur, als allmächtig eingeschätzt. Lawrence steht dem Jongleur feindlich gegenüber:

»And don't, with the nasty, prying mind drag it [sex] out from its deeps
and finger and force it, and shatter the rhythm it keeps

when it's left alone, as it stirs and rouses and sleeps.«

»Und zerrt ihn [den Sex] nicht mit ekelhaft neugierigem Geist aus seinen Tiefen hervor,
befingert und zwingt und bringt ihn nicht aus dem Rhythmus, den er bewahrt,
wenn er für sich gelassen, sich regt, erhebt und schläft.«

(Die Tiefen sind auch die »Dunkelheit«. Es gibt »Schönheit und Würde in der Dunkelheit«.)

Als den modernen Menschen die enorme Bedeutung von Vitalität und Wärme klar wurde, erzeugten sie die Wärme mit einer Willensanstrengung des Geistes. Doch mit dem schrecklichen Flair des Genies spürte Lawrence, daß eine ausschließlich mentale Beschwörung des Elementaren pervers war.

So sehen wir nun seine Menschen im Kampf um ein vollständiges Leben und ein ehrliches Verstehen der Götter in der *Mitte unserer Körper.*

Lawrence glaubte, daß die Gefühle des Körpers, von seinen extremsten Impulsen bis zu seiner kleinsten Gebärde, gleichsam die warme Wurzel der wahren Vision sind und daß wir aus dieser warmen Wurzel wahrhaft wachsen können. Das Lebendigsein des Körpers war natürlich; aber das Eingreifen des Geistes hatte zu einer Spaltung geführt und das Bewußtsein für böses und gutes Verhalten geschaffen.

Lawrence trat an, des Körpers leiblichen Geist, der gefangen in unserem Fleisch lebt, zu befreien. Er fand, daß der Körper seine eigenen Träume hatte und daß der leibliche Geist angerufen, zum Erscheinen bewegt und zum Leben erweckt werden kann, wenn man diesen Träumen aufmerksam lauscht und sich ihnen hingibt.

Er wußte sehr wohl, daß die Träume des Körpers oft in plumpen und häßlichen Formen auftreten. Viele moderne realistische Romane zeigen, zu welcher Abgedroschenheit diese Träume verkommen waren – erbärmliche, anmutslose Versuche.

Lawrence war geduldig. Er gab seinen Figuren Zeit. (›Das verlorene Mädchen‹.) Er ließ sie ihren eigenen Weg, ihre eigene Stunde der Auferstehung finden. Es ging sehr langsam vonstatten, Vertrauen in die Weisheit des Körpers zu gewinnen. Also war Lawrence geduldig, durch ein Labyrinth von Zaghaftigkeiten, Rückzügen, Fehlgriffen, Unbeholfenheiten.

In ›Sonne‹ gibt sich eine Frau der Sonne hin und wird »belebt«. Was ihren Körper angeht, so hat sie nun einen schönen *Gang*, und ihre Seele hat sich verwirklicht. Der Lebensstrom, der in ihr in Bewegung gesetzt wurde, ist ein Zustand der Gnade. Das Objekt, zu dem die Verwirklichung die Frau jetzt treibt, ist von geringer Bedeutung. Mit der seltsamen Gleichgültigkeit des Schöpfers gegenüber seinen Personen zielt Lawrence auf eine höhere Ebene. Es spielt keine Rolle, daß die Frau in ›Sonne‹ jetzt das Verlangen nach einem Bauern spürt. Eine Rolle spielt, daß die Frau jetzt überhaupt *Verlangen* spürt. Lawrence erhebt uns auf eine Ebene vitaler, unpersönlicher Schöpfung und Neuschöpfung.

Warum sollte ein Impuls nicht weise sein, oder warum sollte Weisheit nicht impulsiv werden?

»Wirkliches Wissen kommt aus dem ganzen Körper...«

Das Leben ist ein Prozeß des *Werdens*, eine Verbindung von Zuständen, die wir durchlaufen müssen. Das Versagen der Menschen liegt darin, daß sie den Wunsch haben, einen Zustand zu wählen und darin zu verbleiben. Das ist eine Art Tod.

Verblieb Lawrence in diesem Zustand des körperlichen Bewußtseins, in dem bloßen Aufblühen seines Blut-Lebens? Nein. Wir werden später sehen, wie er auf seine Weise von diesem Punkt aus weiter voranschritt.

Unterdessen wollte er uns in den so reichen körperlichen Zustand versetzen, so daß wir ihn von dort aus begleiten könnten. Aber gleich beim ersten Schritt seiner Philosophie stieß er auf Widerstand. ›Der Regenbogen‹ wurde von den Behörden verbrannt.

Seinerseits war er in sich zutiefst von der Stichhaltigkeit seiner Philosophie überzeugt. Kein Mensch hat jemals weniger in seinen Überzeugungen geschwankt. Aber er wartete darauf, daß die Welt mit ihm gleichziehe, und so blieb er lange in seiner Ausgangsstellung und vertrat, verteidigte, betonte und betonte immer wieder seine Ideen. Das erklärt vieles in seinem Werk, das redundant und überemphatisch erscheint.

Aber es gab noch einen anderen Grund.

Lawrence war als Christ erzogen worden, von der neutralen, beherrschten Sorte, die (bei der Gesellschaft) keinen Anstoß erregt. Er selbst hat es sehr schwierig gefunden, sein »ursprüngliches Fließen« auszudrücken. In der Welt, die ihn umgab, standen Geist und Wille an oberster Stelle, und es bedurfte schon so etwas wie eines Wunders, das Vertrauen in die Weisheit des Fleisches wiederherzustellen.

Die Akzente, die er setzte, waren zwar die eines Mannes, der wußte, wie sehr er recht hatte, offenbarten aber den unnachsichtigen Kampf in ihm, den Geist und den Willen, mit denen er geboren war, abzuwerfen und das Wunder in sich geschehen zu lassen.

In ›Känguruh‹, wo Lawrence sich am meisten offenbart, gibt es merkwürdige Passagen.

Somers (Lawrence) und Harriet sehen, wie Jack und Victoria, ihre Nachbarn, offen ihre Gefühle füreinander ausdrücken.

»Victoria blickte mit stark gerötetem Gesicht auf, ohne jede Scham, ihre Augen glühten wie die eines Tieres. Jack lockerte den Griff, mit dem er sie hielt, stand aber nicht auf« (um die Somers, die gehen wollen, zu begleiten).

Und die Somers verlassen eiligst und unangenehm berührt das Haus. »›Nun‹, sagte Harriet, ›ich finde, sie hätten auch noch zwei Minuten mit ihren Liebeszärtlichkeiten warten können. Schließlich will man ja nicht hineingezogen werden, nicht wahr?‹«

Und Somers stimmt ihr zu.

Das ist eine höchst unheidnische Reaktion. Sie offenbart eine Überempfindlichkeit und Befangenheit, die in klarem Gegensatz zu Lawrences Philosophie steht. Aber sie entspricht ganz seinen Gefühlen.

Es gibt eine weitere Passage, als Somers merkt, daß Victoria sich ihm wortlos anbietet. Aber er lehnt ab.

»Warum nicht der Flamme folgen, dem Augenblick,

der Bacchus heilig ist? Warum nicht, wenn das der Weg des Lebens war? Er wußte nicht, warum nicht. Vielleicht nur eine alte moralische Angewohnheit. Es war Victorias Höhepunkt – all ihre Höhepunkte waren von dieser bacchischen, waffengleichen Spontaneität: Sollte ein Mann nicht das ganze Terrain kennen? *Aber sein Herz war im Innersten unnachgiebig puritanisch.*«

Als William Blake seine Welt erbaute, machte er keinen Versuch, zu Lebzeiten der Außenwelt seine Vorstellungen darzulegen; er wußte, daß die Zeit noch nicht gekommen war. Sein Leben wäre mißlungen und nicht überzeugend gewesen. Seine Poesie und seine Prosa waren über die Grenzen seiner eigenen Person hinausgeschleudert worden, bestimmt für *zukünftige Generationen.* Er war es zufrieden, wie alle andern zu leben und weiterhin seine Prophezeiungen und Visionen zu vervollkommnen.

Andererseits war es gerade das Wesen von Lawrences Philosophie, das ihm jeden Versuch der Distanzierung verbot. Seine Überzeugungen entsprangen einem *zutiefst gelebten Leben*, das ihn durch alle seine Fehlschläge und Widersprüche geführt hatte. Er war persönlich beteiligt. Und diese persönliche Präsenz, die wir in Lawrences Welt spüren, gibt ihr eine Wärme, die anderen Propheten fehlt. Er gab viel von seiner Kraft; und immer wieder setzte er sich rücksichtslos der bitteren Kritik und Feindseligkeit aus, weil er sich nicht der letzten Prüfung seiner Aufrichtigkeit entziehen wollte. Er gab sein eigenes Blut. Blakes Verweigerung und Distanzierung ist ein Opfer. Wer aber sein Blut gibt, bringt auch ein Opfer.

Lawrence besaß jene Eigenschaft des Genies, die Menschen Erfahrungen erkennen läßt, die anderen Menschen unbekannt sind.

Middleton Murry berichtet uns in seinen ›Reminiscences of D. H. Lawrence‹, daß Lawrence sich Menschen wünschte, »die mit ihm gemeinsam etwas verstehen würden ... es ging über den Erfahrungshorizont seiner Freunde hinaus, mit ihm Schritt zu halten«. Murry räumt ein, daß »wir uns irgendwo in uns gegen die Erfahrungen sperrten, an denen teilzunehmen er von uns verlangte ... es gab Erfahrungsbereiche, die Lawrence kannte, die ich nicht betreten hatte. Selbst jetzt kann ich immer noch nicht behaupten, daß der furchtbare Kampf zwischen Anna Lensky und Will Brangwen in ›Der Regenbogen‹ etwas ist, das ich verstehe.«

Hatte Lawrence sich so sehr von den aktuellen menschlichen Problemen entfernt, daß er von den intelligenten Menschen seiner Zeit nicht mehr verstanden werden konnte? Genau das. Er entfernte sich von den aktuellen menschlichen Problemen, die die aktuellen Autoren ausloten konnten.

Es gab eine unbekannte Welt in der bekannten. Er hatte eine Vision. Wird es einhundert Jahre dauern, bis wir Lawrences Vision verstehen, so wie es einhundert Jahre gedauert hat, bis wir Blakes Vision verstanden?

Was waren das für Erfahrungen, die seine Freunde mit ihm nicht teilen konnten?

Anna Lensky und Will Brangwen heiraten. Sie verbringen ihre Flitterwochen allein in einem Cottage, wo sie ineinander aufgehen. Es ist eine Zeit der Glückseligkeit, des Friedens und der Vollkommenheit. Er entdeckt alle möglichen kleinen Eigenheiten an ihr, die ihm gefallen, so wie sie an ihm. Ihre Glückseligkeit ist ihm ein Trost. Er fühlt sich neugeboren.

»Er überblickte die Kruste der Erde: Häuser, Fabriken, Straßenbahnen, die geplatzte Kruste; es eilten Leute umher, es wurde gearbeitet, alles auf der geplatzten Kruste. Ein Erdbeben (die Heirat) hatte alles aus dem Innern bersten lassen. Es war, als ob die Erdoberfläche völlig abgestreift war: Ilkeston, Straßen, Kirchenleute, Arbeit, Regel des Tages, alles intakt; und doch abgestreift in die Unwirklichkeit, so daß hier das Innere nackt zurückblieb, die Wirklichkeit: das eigene Sein, seltsame Gefühle und Leidenschaften und Sehnsüchte und Überzeugungen und Verlangen, plötzlich gegenwärtig geworden, dem bleibenden Urfelsen offenbart, zu einem Felsen gefügt mit der Frau, die man liebte.«

So träumt er. Aber Anna wird plötzlich vom Tatendrang getrieben und will eine Teegesellschaft geben.

»Das Wunder würde wieder schwinden. Die ganze Liebe, die herrliche neue Ordnung würden wieder verlorengehen, sie würde das alles für *Äußerlichkeiten* verwirken. Sie würde wieder die Außenwelt einlassen, sie würde die lebende Frucht für die augenscheinliche Schale wegwerfen. *Das begann er in ihr zu hassen.*«

Es handelt sich nicht um die Teegesellschaft: Will könnte Anna nicht hassen, weil sie eine Teegesellschaft geben will. Aber im Licht der tieferen Werte bedeutet die Teegesellschaft eine Katastrophe. Sie enthüllt Will, daß Anna die *äußerlichen* Dinge liebt. Das ist von Bedeutung. Es zeigt einen völligen Unterschied zwischen ihnen. Er spürt das sich ankündigende Unheil, spürt die Trennung, zu der es später kommen wird. Als Reaktion auf eine bloße Teegesellschaft ist es übertrieben. In ihrer Symbolkraft wird es verständlich. Frauen haben sich ihrem logischen Denken immer an solchen *Bagatellen* orientiert und aus ihnen ihre Schlüsse gezogen. Man hat das kleinlich, kleingeistig genannt. Frauen sind intuitiv: Die Bagatelle wird zum ominösen Zeichen, zur direkten Warnung vor einem drohenden größeren Problem. Sie ist die verräterische kleine Bewegung an der Oberfläche. Die Logik des Mannes hat keinen Platz für apriorische Deduktionen aus isolierten Bagatellen. Aber so ist nun mal das »logische« Denken der Frauen, und Lawrence bedient sich der gleichen Methode.

So ist Will zutiefst enttäuscht, und Anna versteht nicht warum.

»Seine Seele wurde schwärzer«, und er verhärtet sich, zieht sich zurück. Jetzt ist sie in ihrer Empfindlichkeit verletzt und kommt zu dem Schluß, daß in ihm Dunkelheit, Ablehnung und strenge Härte herrschen, die ihr angst machen.

Als sie schließlich weint, küssen sie sich und sind versöhnt, doch es hat ein heftiger Kampf getobt, der in keinem Verhältnis zum Anlaß stand, aber dem Konflikt entspricht, der sich in ihnen vorbereitet.

Sie gehen gemeinsam zur Kirche.

In der Kirche »wünschte er sich ein dunkles, namenloses Gefühl, das Gefühl aller großen Mysterien der Leidenschaft . . . Sie konnte aus der Kirche nicht die Befriedigung ziehen, die er empfand . . . Ihre Sinne sperrten sich gegen mystische Erfahrung.« So ist sie erzürnt, weil er die Macht hat, vor ihr in Ekstase zu fliehen. Sie tut geschäftig, läßt ihren Handschuh fallen, stößt ihn an, um ihn zu ärgern und aus der Ruhe zu bringen. Und sie weiß nicht, warum sie wütend ist.

Später schaut er sich die »illuminierten Bücher« mit ihren symbolischen Bildern an. Sie spottet über seine Versunkenheit.

»Er schämte sich etwas der Ekstase, in die er sich mit diesen Symbolen versetzen konnte ...« Aber ihr Gelächter und ihre Gleichgültigkeit gegenüber den Darstellungen bereiten ihm Höllenqualen. Er haßt sie wieder. Er läßt sie allein. Aber als er, düster und mißmutig, zurückkehrt, ist sein Zorn verraucht. »Sie hatte etwas in ihm zerbrochen.«

Die körperliche Liebe vereint sie wieder.

Die Teegesellschaft liegt weit zurück; dennoch war die Teegesellschaft der Ausgangspunkt des Konflikts. Und dieser hat sich jetzt auf eine viel tiefere Ebene verlagert.

Sie sind Feinde, wie viele Männer und Frauen, die einander lieben, Feinde sind; die ihre Liebe, die Verbindung des Blutes, einsetzen, um dem andern ihren Willen aufzuzwingen oder die Innenwelt zu ändern.

»Sie fochten einen unbekannten Kampf aus, unbewußt. Doch sie liebten einander immer noch ...« Weil ihre Liebe in Todesgefahr ist, wütet in ihnen ein hitziger Kampf.

»Sie wollte glücklich sein, natürlich sein, wie der Sonnenschein und der geschäftige Tag ... Und er wollte sie dunkel, unnatürlich.«

»Dunkel« und »unnatürlich« sind Annas Worte, mit denen sie die Nachdenklichkeit, die tiefen Gefühle ihres Mannes beschreibt.

»Sie hatte ihn einfach für den hellen Widerschein ihrer selbst gehalten.«

Inmitten von viel Grausamkeit gibt es Augenblicke teilweiser Verständigung.

»Dann liebte er sie wegen ihrer Kinderei und ihrer Fremdheit für ihn, wegen des Wunders ihrer Seele, die anders war als seine Seele . . .«

Nur für einen Augenblick. Sie beginnt seine tiefsten Gefühle zu bekämpfen. Sie spottet über Wunder, und er »schmeckt nach Tod . . . Weil sein Leben in diesen unbefragten Geboten geprägt worden war.«

Sie reizen, quälen einander.

Als sie ihm Kinder gebärt, ist sie Anna Victrix. Er kann nicht mehr mit ihr kämpfen. Und sie verfällt in unbestimmte Zufriedenheit.

»Sie war nicht bei ihm . . . Ein Schmerz der Unzulänglichkeit überkam ihn, als er sie mit dem Baby reden hörte . . . Er stand in der Nähe und lauschte, und das Herz ging ihm hoch, wollte sich erheben, um sich zu unterwerfen. *Dann schreckte er zurück und blieb reserviert*. Er konnte sich nicht rühren, eine Verneinung lastete auf ihm, als ob er sich nicht selbst verneinen konnte. Er mußte, *er mußte er selbst sein.*«

Der Kampf hört niemals auf. Das Menschliche in Anna ist auch etwas Strahlendes, das ihn anzieht. Er möchte verstehen können oder zumindest völlig zufrieden sein.

All das läßt sich leicht als Projektion der kleinen

Dinge des Lebens in einen größeren Bedeutungsrahmen übertragen, während wir langsam unter die Oberfläche blicken und uns dessen völlig bewußt werden.

Unerklärt bleibt aber die Intensität, mit der Lawrence diese Erfahrungen schildert. Es handelt sich um bedeutende, profunde Erfahrungen, aber müssen sie in einem so angespannten Stil, mit so extremen Ausdrükken beschrieben werden? Verfallen die Menschen wirklich in so kurzer Zeit von einem extremen Gefühl in das andere? Von Dichtern kennen wir das.

Lawrence verleiht seinen Figuren eine extreme Sensibilität, die Macht der Dichter; man braucht nur zu sehen, wie schnell sie in der Kirche in mystische Trance fallen, in dämonischem Zorn entflammen und ins Brüten geraten können oder rasch von Verzweiflung zu Freude übergehen. »Das Leben immer ein Traum oder Raserei«, für den Dichter.

Lawrence sondiert die Bedeutung von Personen oder Ereignissen so intensiv, daß sich ihre normalen Formen manchmal verzerren und sie zu Abstraktionen werden. Aber diese gewohnheitsmäßige Verzerrung des Normalen ist lediglich poetisches Mittel zum Zweck, und zwar zum Zweck des Verstehens. Durch die Intensität seines Gefühls für das Kleine erahnt er die Bedeutung des Größeren. Das ist die Rechtfertigung für das, was auf den ersten Blick übertrieben oder gar obsessiv erscheinen mag.

Aus demselben Grund erschafft Lawrence auch nicht, was wir gemeinhin unter einem »Charakter« verstehen, das heißt, eine festumrissene Figur, die Ähnlichkeit mit Menschen hat, die wir kennen. Er liefert keine klaren Konturen, denn die Personen in seinen Büchern sind symbolisch; er beschäftigt sich mehr mit Bewußtseinszuständen und mit unbewußten Handlungen, Stimmungen und Reaktionen. Seine Figuren handeln aus tieferen und chaotischeren Motiven als die in gewöhnlichen Romanen: sie sind Experimente – und unterliegen allen Wechselfällen eines experimentellen Lebens. Sie sind für die Gesetze unbewußten Handelns empfänglicher als für die Rezepte, mit denen die Menschen im gewöhnlichen Leben ihr Unterbewußtsein ausschalten. Und da Lawrence sich auf ganz neue Weise in seine Figuren vertieft, in dem Sinne, daß die Vertiefung ins Chaos ein Kennzeichen unserer und keiner anderen Epoche ist, war er sich der Unvollkommenheiten und Schwierigkeiten bewußt, und deswegen hat er hinterher seine Ideen in Essays und Büchern zur Psychologie erläutert und analysiert.

Der Schlüssel zu seinen Figuren oder der einfachste Weg, sie zu verstehen, ist folglich, wenn man sie sich als Künstler denkt. Dafür gibt es in ›Der Regenbogen‹ ein weiteres Beispiel. In diesem Buch ist die ungestüme Vereinigung von Anton und Ursula verheerend und auf den ersten Blick unverständlich. Mit ungestümer Gewalt suchen sie im jeweils anderen eine Befriedigung, die sie nicht finden. Doch handelt es sich nicht um eine rein animalische Erfahrung – ihre Bedeutung beschränkt sich nicht auf den sexuellen Kampf –, sie ist gleichzeitig Ausdruck eines anderen Kampfes, eines anderen Verlangens. Es ist kein bloß sexuelles Phänomen, sondern in Wahrheit vielmehr *das Verlangen des Schöpfers nach einem Höhepunkt, der viel stärker ist als die*

Höhepunkte, die das Leben zu bieten hat. Es ist symbolisch für die schöpferische Unersättlichkeit, die als allgemeiner Instinkt unstillbar ist, weil sie in keinem Verhältnis zum Universum, zu den ihn umgebenden Wirklichkeiten steht. Es ist die Allegorie des Triebes, der nie zu befriedigen sein sollte; er sollte lediglich existieren, wie der Trieb, trotz und gerade wegen der sicheren Gewißheit des Todes zu leben, oder frei nach Freud, zu leben und dabei den größtmöglichen Umweg zum Tode zu nehmen.

Doch als der Schöpfer sich dem Trieb zum Lebendigsein hingibt, zerstört ihn dieser fast, weil seine emotionale Aufnahmefähigkeit seinem extremen Verlangen und Hunger entspricht. Daß Lawrence das nicht lediglich als sexuellen Kampf gemeint hat, wird noch aus einem anderen Grund deutlich. (Lawrence meint nie, was uns wörtlich entgegentritt.) Es symbolisiert auch die Suche nach dem Gleichgewicht in der körperlichen Liebe. Lawrence erkannte die Tragödie der Ungleichheit in der Liebe so klar wie nie ein Mensch zuvor. Und damit erkannte er auch die Tragödie nicht allein der körperlichen, sondern auch der spirituellen und geistigen Liebe, die Ursache der Qualen in den menschlichen Beziehungen ist. Es ist die Ungleichheit sexueller Macht, die den Zerfall sexueller Beziehungen verursacht. Jeder Mann und jede Frau muß eine eigene Ebene finden. Wenn Lawrence nicht das gemeint hätte, wäre die Vereinigung von Lady Chatterley und Mellors keine Erfüllung für sie gewesen, während sich hingegen jene von Anton und Ursula als zerstörerisch erwies. Es war eine Erfüllung deswegen, weil sie ein Gleichgewicht der Kräfte bildeten, Anton und Ursula hingegen nicht. Ursula war zu stark für Anton.

Es ist dieser Kampf um das Gleichgewicht, der den Schilderungen zugrunde liegt, die Lawrence von Liebe und Haß, Zerstörung und Erschaffung zwischen Männern und Frauen gibt. Er wußte um den Rhythmus des Auf und Ab in Beziehungen.

Rebecca West hat uns in ihrer »Elegie« eine schöne Deutung von Lawrences Intensität gegeben: »Als er Douglas wegen des Handschlags mit dem Gastwirt anschrie, weil der Norden und der Süden Feinde waren, und als er die alten Frauen sah, die gekommen waren, um ihn beim Honigkauf um ein oder zwei Lire zu betrügen, als Mänaden, die sogar giftiger waren, um noch zu rasen, dachte ich, er sähe fahle Farben, die in seinen Augen waren und nicht in dem Universum, das er betrachtete. Jetzt meine ich, *er ließ der Ernsthaftigkeit des Lebens Gerechtigkeit widerfahren, und er war mit einer tieferen Einsicht in seine Natur belohnt worden, als sie die meisten von uns haben.*«

Die Intensität von »Der Alptraum« in ›Känguruh‹ ist leichter zu verstehen, weil Lawrence ihn ja einen Alptraum genannt hat. In gewisser Weise hat er eine Grenzlinie gezogen. Wir begeben uns in einen Alptraum, aber der ist *Wirklichkeit,* gesteigert durch eine gewaltige Anstrengung, zu begreifen. Es ist die Geschichte des schrecklichen Kampfes des Individuums, sich den gesunden Verstand zu bewahren, trotz des Wahnsinns der Massen, als sie den Krieg akzeptieren.

»Der Alptraum« zeigt die ganze Bedeutung, die der Krieg für Lawrence hatte. »Es war der ganze Geist des Krieges, der ungeheure Massengeist, mit dem er sich nie abfinden konnte. Der schreckliche, schreckliche Krieg, der so entsetzlich wurde, weil in jedem Land praktisch jeder Mann den Kopf verlor und seinen eigenen Mittelpunkt verlor, seine eigene männliche Isolation in seiner eigenen Integrität, die allein ein wirkliches Leben ermöglicht.

Hervorragender Mut die Fülle, sich dem Tod zu stellen. Aber bei keinem Mann der Mut, sich seiner isolierten Seele zu stellen und ihren Entscheidungen zu folgen. Leichter, sein Selbst zu opfern.«

Denn viele, viele Männer dachten und fühlten wie Lawrence. Aber viele zogen der Isolierung den Tod vor. Viele zogen den Tod vor, als vielmehr ein totes Ideal zu verwerfen – denn der Krieg war eines der toten Ideale.

»Nicht der Tod ist von Bedeutung, sondern der Verlust der unversehrten Seele.« Und: *»Ich will keine allgemein verbreiteten Lügen.«* Das ist Lawrences häufiger Aufschrei: »Ich will keine allgemein verbreiteten Lügen.« Aber allgemein verbreitete Lügen sind groß und machtvoll, und sie wollten nichts von Lawrence hören.

Und im selben Text findet sich ein bewegendes Beispiel für die Lawrence eigentümliche Treue zu seinem Körper. Somers ist für untauglich befunden worden, so wie Lawrence selber. »Somers machte sich nichts daraus. ›Sollen sie mich doch als untauglich abstempeln‹, sagte er sich. ›Ich weiß, daß mein Körper auf seine Weise zerbrechlich ist, aber er ist auch sehr stark, und es ist der *einzige Körper, der mein besonderes Ich tragen wollte.*›« Mit Sicherheit verfügte kein anderer Mensch über eine so absolute Identität.

Somers »hatte nichts zu tun, als sich an seine Seele zu klammern. Also klammerte er sich daran und bemühte sich, den Verstand zu bewahren ... Halt gab ihm seine individuelle Seele.«

Aber warum sollte diese Haltung von solch einer Intensität des Gefühls begleitet werden? Der Egoist hält ungerührt an seiner eigenen Sache fest. Die Ursache für Lawrences Gefühlszustand liegt darin, daß er zutiefst und so furchtbar empfindsam ist: Er leidet, er leidet sehr an Mitgefühl, Zärtlichkeit, Entsetzen – er ist mit Gefühl beteiligt. Was ihn zur Verzweiflung treibt, ist seine schiere Überzeugung von der Heiligkeit des Leibes – und der Krieg ist eine ungeheuerliche Vernichtung unzähliger Leiber.

Bei Lawrence findet sich einerseits immer der Individualist, der um seine Isolierung kämpft, und andererseits der Mann, der von Mitleid gequält wird, von seinem Gefühl der Verwandtschaft mit seinen Mitmenschen, von einem Verlangen nach Einverständnis. Und es ist sowohl diese Zärtlichkeit wie auch die Ablehnung dieser Zärtlichkeit, die ihn gewalttätig macht. Im Kampf gegen die Welt bekämpft er seine eigene Zärtlichkeit. Das ist der Grund seiner Heftigkeit. Bloße Egoisten kennen keine Heftigkeit dieser Art. Ihr Rückzug ist Selbsterhaltung. Gesüßte und konservierte Frucht, genossen in selbstgefälligem Frieden.

Und was das *Englische* an Lawrence angeht, so

steckt es in Somers: »Er war einer der englischsten kleinen Männer, die England je hervorgebracht hat, mit einer Leidenschaft für sein Land, auch wenn es oft ein leidenschaftlicher Haß war.«

Wenn die Wirklichkeit des Krieges mit einem Alptraum verglichen wird, so entsprechen Träume oft der Wirklichkeit. Für den Dichter unterscheidet sich die Traumerfahrung nicht von der Wirklichkeitserfahrung. »Leben ist immer ein Traum oder Raserei.« Es gibt keine Grenzlinie. Durch andere Bücher hatte Lawrence geträumt, hatte Eingebungen, hatte improvisiert, und die Leute konnten nur sagen: *Das* ist Chaos, *das* ist Unsinn.

Die Grenzlinie existiert nur für jene, die immer zum ersten Frieden und in die Sicherheit zurückkehren wollen. Sorgfältig kennzeichnen sie die Stationen ihres Wanderwegs zur Erkenntnis und verfolgen ihn zurück: *Dies* ist ein Traum, *dies* ist eine Phantasie; ich brauche nur zu leugnen, daß sie irgend etwas mit mir zu tun haben, nur zu sagen, daß es Zufälligkeiten sind, flüchtige Fragmente, damit sie verschwinden wie Gespenster. Und dann werde ich wieder sein, der ich wirklich immer war.

Aber in Lawrences Büchern sind Träume und Wirklichkeit oft ineinander verwoben, so wie es eben auch in unserer menschlichen Natur ist.

In ›Der Hengst St. Mawr‹, in ›Der Regenbogen‹, in ›Liebende Frauen‹ sind die Grenzen nicht auszumachen. Es läßt sich unmöglich sagen, wo die Allegorie beginnt, wo der Symbolismus, wo die Sinnbildlichkeit, wo das Drama.

In ›Der Regenbogen‹ macht Ursula an einem stürmischen Nachmittag einen Spaziergang. Sie ist gerade zu dem Schluß gekommen, daß die Frau dazu bestimmt sei, Leben zu geben, und so ist sie entschlossen, zu ihrem Mann zurückzukehren, ihm Kinder zu gebären und all die verschlungenen Sehnsüchte und das Trachten ihrer geheimen Innenwelt aufzugeben.

In Regen und Sturm spiegelt sich ein »Schwanken«. Nach einer langen Weile will sie sich »ihren Weg zurück durch all dieses Schwanken bahnen, zurück zu Beständigkeit und Sicherheit«. Unbeständig ist nicht der Sturm, sondern ihr eigener seelischer Konflikt, und sie kehrt zurück zu einer Entscheidung, der schützenden Zuflucht.

»Plötzlich ... waren Pferde im Regen zu sehen, noch nicht in der Nähe. *Doch sie würden in der Nähe sein.* Unvermeidlich ging sie ihren Pfad weiter. Es waren Pferde im Windschutz einer Baumgruppe weit vor ihr, über ihr. Sie folgte ihrem Weg mit gesenktem Kopf. *Sie wollte nicht aufblicken und sie sehen.* Sie wollte nicht wissen, daß sie dort waren. Sie ging den wilden Pfad weiter. *Sie kannte die Schwere ihres Herzens.* Es war das Gewicht der Pferde. Aber sie würde ihnen ausweichen. Sie würde das Gewicht standhaft tragen, und so würde sie fliehen ... Plötzlich senkte sich das Gewicht tiefer, und ihr Herz zog sich zusammen, um es zu tragen. Ihr Atem ging schwer. Aber auch das Gewicht konnte sie tragen ... Sie nahm den großen Blitz der Hufe wahr ... die Pferde donnerten auf ihr ...« Durch den

Kampf, zu fliehen, wird sie gebrochen. Kraftlos und still liegt sie am Weg.

Ursulas Entscheidung, zu Skrebansky zurückzukehren und ihm Kinder zu gebären, überträgt sich auf die ganze Welt. Die Welt, der Wald und der Sturm sollen *Bilder* der Gefühle werden, die sie quälen. Die Natur soll Ursulas Schwanken und ihre Ängste ausagieren. Die Pferde sind Symbole der Mutterschaft und des sexuellen Erlebens in der Ehe. Jetzt liest sich die Seite ganz anders: »Es waren Pferde im Windschutz einer Baumgruppe weit vor ihr, über ihr ... *Sie wollte nicht aufblicken und sie sehen.*«

Sie wollte den umfassenden Konsequenzen ihrer Entscheidung nicht ins Auge sehen.

Aber: »Sie kannte die Schwere ihres Herzens.«

Ihr Herz quillt über von Bestrebungen, Träumen und Sehnsüchten nach einer anderen Art Leben.

»Es war das Gewicht der Pferde.«

Es war das Gewicht der Mutterschaft und der rein körperlichen Existenz.

»Aber sie würde das Gewicht standhaft tragen, und so würde sie fliehen.«

Vielleicht kann sie durch ein Leben als Frau und Mutter, durch Verleugnung doch noch ihr Innenleben unversehrt bewahren.

»Ihr Atem ging schwer.«

So wie sie beim Gebären schwer atmen würde.

»Der große Blitz der Hufe« ist das sexuelle Pochen in ihrem Schoß.

Solche Verwicklungen in den Beziehungen zwischen Männern und Frauen, zwischen Wirklichkeit und Unwirklichkeit, Phantasien und dem Leben werden von den meisten Menschen verleugnet.

Die erste Analyse eines Ereignisses oder einer Person ergibt einen bestimmten Aspekt. Sehen wir noch einmal hin, hat es ein anderes Gesicht. *Je weiter wir in unserer Neudeutung fortschreiten, um so prismatischer sind die Stimmungen und Vorstellungen, die die Tatsachen jedesmal anders koordinieren.* Menschen, die eine vernünftige, statische und meßbare Welt haben wollen, nehmen den ersten Aspekt eines Ereignisses oder einer Person und halten daran fest, mit einem Starrsinn, der an Selbstschutz grenzt, oder weil ihre Imagination natürlichen Beschränkungen unterliegt. Sie geben sich weder der Vertiefung noch der Verstärkung von Eindrücken hin.

Aber andere wissen, daß die Imagination ein ständiger Verformer ist. Sie muß es sein, notwendigerweise, um sich von verhältnismäßig kleinen Ereignissen in einer verhältnismäßig kurzen Lebensspanne ausweiten zu können. Sonst müßten wir, wollten wir nur einen Gedanken, ein Gefühl verstehen, tausend Erfahrungen durchmachen. Aber eine Erfahrung kann durch unsere Imagination vervielfacht werden. Und es ist diese Macht der Vervielfachung und Ausweitung, die gleichzeitig Verwirrungen und Verwicklungen schafft. Verwicklungen sind die andere Seite ein und desselben Handelns.

Im Konflikt zwischen Anna und Will, im Tod Geralds, in dem Alptraum und in der Pferde-Phantasie werden uns Anhaltspunkte für mehr als eine Art von Konflikt, eine Art von Obsession und eine Art von Alptraum gegeben. Und das ist einfach die *fundamentale Grundlage dichterischen Schaffens*, mit der Lawrence seine Figuren beseelt hat.

Der Wechsel von Liebe und Haß bei Männern und Frauen wie etwa in ›Liebende Frauen‹ ist demselben starken Gefühl von Oszillationen zuzuschreiben, von Flut und Ebbe (Heraklit), Umschwüngen und Erschütterungen, *Beweglichkeit*. Das Werden ist immer ein Wogen und Fließen.

Lawrence zufolge kann es nie eine vollkommene Beziehung zwischen den Menschen geben. Wir sind zur Vereinzelung verdammt.

»Diese Individualität, die jeder von uns besitzt und die ihn für jedes andere Individuum zu einer wechselhaften, unberechenbaren, gefährlichen und unzuverlässigen Größe macht, weil jede Individualität irgendwann ausnahmslos gegen jede andere Individualität antreten muß – oder sonst die eigene Integrität verliert; aufgrund der unausweichlichen Notwendigkeit eines jeden Individuums, sich zu gewissen Zeiten von allen anderen Individuen zurückzuziehen, ist die menschliche Liebe in der Tat etwas Relatives, nichts *Absolutes*.«

Lawrences Schilderungen der unterschwelligen Strömungen von Körper und Geist waren nur ein Mittel, um viele Gefühle an die Oberfläche zu bringen, die wir uns nicht aufrichtig eingestehen. Freud und Jung haben das auch getan, aber sie sind im wesentlichen Wissenschaftler, und sie werden mit der Distanz und

Objektivität wissenschaftlicher Forschung gelesen. Lawrences Figuren, ob in Dichtung, Allegorie oder Prophezeiung, sind Akteure, die genau im Tonfall unserer Gefühle sprechen; und ehe wir es merken, haben sich unsere Gefühle mit ihren identifiziert und sind in sie verwickelt. Manche Menschen sind vor einem solchen, oft unangenehmen Erwachen zurückgeschreckt; viele haben sich davor gefürchtet, sowohl diese Macht ihrer körperlichen Empfindungen anzuerkennen, wie auch sich der wahren Bedeutung ihrer Phantasien, ausgedrückt in klaren Worten, zu stellen.

Lawrence wurde beschimpft, weil er so weit ging. *Es gibt immer Menschen, die um den integren Kern in sich fürchten, um die göttliche Integrität, die sich durch Unwissenheit bewahren läßt (vor der Psychologie) oder durch Religion (vor und nach der Psychologie) oder durch die Ausschaltung des Denkens (durch den modernen Paroxysmus des Tätigkeitsdrangs).*

So war es nicht die Wahrheit, sondern das Aufrührerische, Lebendige in Lawrences Wahrheit, das die Menschen aus der Fassung brachte. Neben den Wissenschaftlern gab es Romanciers wie André Gide und Aldous Huxley, die nichts unerforscht gelassen hatten. Aber Huxley und Gide ließen den Verstand wandern, reisten auf der Hochebene des Kopfes, und deshalb traf es uns auf ihrem Weg *im Kopf*, und die Erfahrung nahm einen wissenschaftlichen Aspekt an, wurde reine abstrakte Erkenntnis.

Huxley war sein Philip: ». . . *getreu allein dem kühlen, gleichgültigen Fließen der intellektuellen Neugier.*« Es gibt nichts Verheerenderes für die gewöhnlichen Wertmaßstäbe als ein paar Seiten in Gides ›Der Immoralist‹ oder Huxleys ›Kontrapunkt des Lebens‹.

Aber Lawrence ging die Umwertung der Werte nicht mit Gleichgültigkeit an, sondern mit Poesie, mit religiöser Inbrunst, und er *traf tiefer* als Huxley und als Gide. Er traf die Mitte, die verwundbare Mitte unseres Körpers, mit seiner *körperlichen Sprache*, seiner *körperlichen Vision*. Er traf uns an einer lebenswichtigen Stelle.

Lawrence war unverzeihlicherweise überzeugend gewesen.

Er hatte nicht nur über alles nachgedacht, sondern er hatte auch alles gefühlt, und er empfand starke Anteilnahme, und so waren wir zur Anteilnahme gezwungen, und seine Stimme hatte eigenartige, bezwingende Töne.

Und da niemand ihn begleiten wollte, ging er allein, durch die Hölle. Und je mehr Erfahrungen er durchmachte, desto mehr verstand er. Je mehr man über die Hölle weiß, desto mehr weiß man über den Himmel. Je mehr man über Dekadenz weiß, desto viriler die Reaktion zurück zum Lebendigsein.

Liebe zwischen Männern. Hier hatte sein Geist lang erwogen, lange genug, um bei seinen auf Selbsterhaltung bedachten Freunden noch mehr Bedenken auszulösen.

Noch mehr Oszillationen.

Die Liebe zwischen Männern und Frauen beruhte auf einem Gleichgewicht. War es das einzige schöpferische Gleichgewicht? Lawrence zweifelte an paraten Gleichungen. Sie hatten eine verdächtige Würde, Etikette und Gefälligkeit an sich. Die Wahrheit hatte eher ein vagabundierendes Gesicht und hauste im Chaos und in der Oszillation. Vielleicht war die Oszillation der richtige Dauerzustand des Seins und vielleicht überdies noch ein schöpferischer und natürlicher Zustand.

Die Annahme, daß etwas natürlich sei, ist womöglich aus einer falschen Voraussetzung hervorgegangen. Viele Irrtümer sind jahrhundertelang unbemerkt durchgegangen. Die Familie war eine Einheit, die von großer Bedeutung für die Gesellschaft war. Die Gesellschaft hatte ein Gespür dafür, alles, was nützlich war, so erscheinen zu lassen, als sei es religiösen Geboten, göttlichen Diktaten entsprungen. Die Gesellschaft war sehr intelligent darin, für sich selbst zu sorgen. Die Familie lehrte Freundlichkeit, Selbstaufopferung und Fruchtbarkeit. Fruchtbarkeit war in Kriegszeiten nützlich.

Die Liebe zwischen Männern und Frauen war möglicherweise nicht die einzige Lebensgrundlage. Daß Männer und Frauen sich biologisch ergänzten, bedeutete nicht, daß sie sich immer geistig ergänzten.

So spekuliert Lawrence über den Wert der Verbindung des Mannes mit einem Mann. Überall, wo eine unterschwellige Neigung, ein Fließen vorhanden ist, gibt es Leben. Hier sucht er eifriger als je zuvor die Wahrheit, die unter Erscheinungen verborgen ist. Die offenbare körperliche Vollkommenheit der Liebe von Mann und Frau war womöglich nicht die einzige Vollkommenheit. Alles war möglich in einem Zustand des Lebendigseins, der menschliche Gesetze transzendiert, oder in einer Natur, die sich selbst widerspricht und dauernd ihren Weg sucht, stümpernd und widersprüchlich. Es bestand die Möglichkeit, daß die Gefühle in zwei Strömen verlaufen konnten.

Wenn man sehr weit geht, verschieben sich alle Werte. Es reicht dann nicht aus, immer am selben Ort zu verweilen. Wenn man fürchterlich wahrheitsliebend ist, wird einem immer der Boden unter den Füßen entzogen, und man wird mit der dauernd sich wandelnden Wahrheit dauernd den Ort wechseln müssen (System der Beweglichkeit).

Denn wenn wir schließlich das ganze Universum durch uns hindurchfließen lassen, werden unsere Erfahrungen fließend und nehmen immer wieder neue Gestalt an.

Es gibt Dinge, die Lawrence gern mit Männern beredet und mit Männern tut, und mit Männern arbeitet ein Mann daran, seine Welt aufzubauen. Es besteht ein Bündnis und eine Gemeinschaft des Interesses.

In ›Känguruh‹ heißt es von Somers: »[Er] liebte es, mit John Thomas zu arbeiten . . ., zu ernten oder auszuruhen und in den Pausen mit John Thomas zu reden, der ein halb-philosophisches, mystisches Gespräch über die Sonne und den Mond liebte, die mysteriösen Mächte des Mondes bei Nacht und die mysteriöse Veränderung im Mann beim Wechsel der Jahreszeit und die mysteriösen Wirkungen des Sex auf einen Mann . . .

Die arme Harriet verbrachte viele einsame Tage im Cottage. Somers hatte jetzt kein Interesse an ihr . . . Dann kam immer John Thomas mit dem Wagen, und die beiden Männer stellten die Garben auf, verweilten dabei, redeten, bis es dunkel wurde, redeten von den halb-mystischen Dingen, von denen sie beide erfüllt waren.«

Dasselbe gilt auch für Gerald und Birkin in ›Liebende Frauen‹.

Aber ›Aarons Stab‹ ist das Buch, in dem Lawrence durch die Hölle ging. Hier wird das Band zwischen Männern, das Fließen zwischen ihnen mit höchster Angst verknüpft. Die Sehnsucht nach einer Verbindung ist vorhanden, aber wie soll sie erfüllt werden?

Wichtig ist die Schlußfolgerung, zu der er kommt, daß zwischen Männern eine Beziehung bestehen muß, die nicht auf Sex beruht: »Er erträumte eine neue menschliche Beziehung. Eine nackte, entblößte menschliche Beziehung zweier Männer, tiefer als die Tiefen der Sexualität. Tiefer als das Eigentum, tiefer als die Vaterschaft, tiefer als die Ehe, tiefer als die Liebe. So tief, daß sie lieblos ist. Der nackte, lieblose, wortlose Einklang zweier Männer, die zum Grund ihres Daseins gefunden haben.« Aber noch wichtiger ist, daß er *verstand* – er verstand das unterirdische Zusammenfließen von Männern als Teil eines Seinszustandes.

Mit diesem Verstehen wird er die Schaffung seiner Welt fortführen – einer Welt, die aufgrund des Verstehens vollkommener ist. Eine Welt, die keinem wahren körperlichen oder seelischen Zustand verschlossen ist.

Er ist »befreit von den Gesetzen des Idealismus«. Des gewöhnlichen Idealismus. Der gewöhnliche Idealismus besteht hauptsächlich aus toten Idealen.

»Aber der Abend ist auch die Zeit zum Zechen, zum Trinken, zur Leidenschaft. Der Alkohol steigt ins Blut und wirkt wie die Strahlen der Sonne. Er entflammt zum Leben, er befreit zur Tatkraft und zum Bewußtsein. Aber durch einen Prozeß der Verbrennung. Das Leben des Tages, das wir *nicht gelebt haben*, können wir nun durch den sonnengeborenen Alkohol zu Sinnlichkeit, Bewußtsein, Tatkraft und Leidenschaft auflodern lassen und es ausleben. Es ist eine Befreiung von den Gesetzen des Idealismus, eine Entlassung aus den Einschränkungen durch Beherrschung und Angst. Es ist das Blut, das ins Bewußtsein birst. Aber natürlich kann sich das befreite Bewußtsein einen Weg in verschiedene Richtungen bahnen: zur Tätigkeit von größerer geistiger Schärfe, zu größerer Inbrunst spirituellen Gefühls oder zu vertiefter Sinnlichkeit.«

Alkohol und Sonne sind Symbole. Furchtlose Erfahrung, leidenschaftliche Erfahrung bewirken dasselbe. Lawrences Welt ist nicht vom Idealismus befreit, sondern von toten Idealen. Er stellt dauernd Listen toter Ideale auf (etwa das Ideal des Krieges in ›Känguruh‹). Denn Ideale sind grundsätzlich beweglich: Sie werden geboren, und sie sterben. Und an toten Idealen festhalten heißt sterben.

Lawrence hatte seinen Kreislauf vollendet. Es ist wohl ein Fortschritt zu erkennen, aber kein streng philosophischer Fortschritt, da Lawrence die Gesamtheit seiner Philosophie schon zuvor in anderen Büchern dargelegt hat. Philosophisch ist ›Lady Chatterley‹ also kein Höhepunkt.

Das hat er schon früher gesagt: »Wenn ein Mann und eine Frau wahrhaftig zusammenkommen, wenn sie eine Ehe eingehen, dann entsteht zwischen ihnen eine unbewußte Lebensverbindung wie ein pulsierender Blutkreislauf. Ein Mann mag im Kopf eine Frau völlig vergessen und sich mit Tatkraft und Eifer in die Aufgabe stürzen, die ihn gerade beschäftigt, und alles ist gut ..., wenn er nicht die innere Lebensverbindung abbricht, die das Geheimnis der Ehe ist ... *Die unmittelbarste Vereinigung ist die Frau, die Ehefrau.*«

Zu welchem wahren Höhepunkt führte nun aber Lawrences Fortschreiten? In seinem Werk ist eine *fortschreitende Vervollkommnung* zu erkennen, und der Höhepunkt ist die *Vollkommenheit.* (Es ist unnötig, sich mit gelegentlichen Rückschritten zu beschäftigen – mit den Unvollkommenheiten und technischen Schwächen, da sie ziemlich unwichtig für die letztendliche Bewertung seines Werkes sind.)

›Lady Chatterley‹ ist, wie wir sehen werden, ein vollkommenerer Ausdruck seiner mystischen Einstellung gegenüber dem Fleisch als jedes andere Buch von ihm.

Aber: »... zielt alles Leben ab auf diesen einen Akt, den Koitus zu vollziehen? In einer Richtung gewiß ... Aber wir sind nicht auf eine Richtung allein beschränkt oder auf eine ausschließliche Erfüllung. Zielte der Bau der Kathedralen ab auf den Akt des Koitus? War der dynamische Trieb sexuell? Nein ... es gab noch etwas anderes, von noch größerer Wichtigkeit und größerer dynamischer Kraft.

Und was ist dieser andere größere Trieb? Es ist das Verlangen des Mannes, eine Welt zu erbauen, aus seinem eigenen Ich und aus seinem ureigenen Glauben und seiner eigenen Kraft eine Welt zu erbauen, etwas

Wunderbares. Nicht nur Nützliches. Etwas Wunderbares.«

So geht Mellors, Lady Chatterleys Liebhaber, am Ende des Buches daran, eine Welt zu erbauen.

Der religiöse Mensch

Lawrence war in Wirklichkeit ein tiefreligiöser Mensch; er war sein ganzes Leben lang auf der Suche nach Gott, und er hatte eine ganz persönliche Vorstellung von Gott. Denn trotz seiner nonkonformistischen Haltung hatte er Gott erkannt.

In seinen ›Assorted Articles‹ gesteht er, daß die banalen Kirchenlieder seine Kindheit sogar noch tiefer durchdrungen hätten als die schönsten Gedichte.

»Kein geographisches Wissen hat den See Genezareth je seines Wunders beraubt.«

Und was ist das Wunder? »Das natürliche religiöse Gefühl.«

Die Hymnen wurden nie »einer kritischen Analyse unterworfen«, und sie bewahrten ihr Wunder.

Aber andere Dogmen verschwanden unter kritischer Beobachtung. »Man kann sein Geld retten. Wie kann man seine Seele retten? Man kann seine Seele nur *leben.* Aufgabe ist es, zu leben, wirklich zu leben. Und das bedarf des Wunders.«

Und so lebte Lawrence mit dem Wunder. Was glückselig erstarrt, statisch war, war tot.

In diesem Zusammenhang erkennt Lawrence die *»instinktive Weisheit«* an: ». . . als ich etwa sieben war, versuchte eine Lehrerin uns mit der Kreuzigung zu schrecken. Und sie sagte immer wieder: ›Tut euch Jesus denn nicht leid? Tut er euch nicht leid?‹ Und die meisten Kinder weinten. Ich habe wohl auch ein oder zwei Krokodilstränen vergossen, aber sehr lebhaft ist mir im Gedächtnis geblieben, daß ich mir sagte: ›Eigentlich ist mir das völlig egal.‹ Das könnte ich auch nie zurücknehmen. Ich habe mir nie etwas aus der Kreuzigung gemacht, weder so noch so. Doch das Wunder dessen hat mich tief durchdrungen.«

Und was führt zum Wunder? »Ein natürliches religiöses Gefühl.«

Also war Lawrence von Natur aus religiös, getreu seinem tiefen instinktiven Gefühl für Religion.

Mit diesem wundernatürlichen religiösen Gefühl in seinem innersten Kern fürchtet er sich nicht, über das Wesen Christi zu spekulieren. Und wie es immer mit dem Lebendigsein ist, das das Wesen ausmacht, wundert er sich, wieso die Kirche immer lauthals verkündet: »›Wir predigen den gekreuzigten Christus.‹ Damit predigen sie nur die halbe Passion Christi und tun nur ihre halbe Pflicht. Das Glaubensbekenntnis sagt: Wurde gekreuzigt, starb und wurde begraben ... am dritten Tage ist er wieder von den Toten auferstanden. Und noch einmal: Ich glaube an die Auferstehung des Fleisches ... Wenn man also den gekreuzigten Christus predigt, so predigt man nur die halbe Wahrheit.«

So macht sich Lawrence an sein Werk der Auferstehung, das Werk, das er liebt.

Er will Christus auch auferstehen lassen.

»Das Christuskind im Schoß der Frau, und wieder der gekreuzigte Christus: dann die Messe, das Mysterium der Sühne und Versöhnung durch das Opfer. Doch das ist alles nur Vorbereitung, das sind die vorbereitenden Stadien der wirklichen lebendigen Religion ... Und doch bleibt eine große Masse der Christen dabei stehen.«

Warum?

»Weil große religiöse Bilder nur Bilder *unserer eigenen Erfahrungen* sind oder unseres eigenen geistigen und seelischen Zustands.«

So war das die Erfahrung des Menschen: »... er selbst das Christuskind, das auf dem Schoß einer Jungfrau und Mutter Gottes stand.«

»Im Krieg ist dieses Bild in den Herzen der meisten Männer zerbrochen ... Im Krieg litt der Mann, der am bittersten litt, unerreichbar für die Hilfe von Frau oder Mutter, und keine Ehefrau, keine Mutter, keine Schwester und kein geliebtes Wesen konnte ihn vor den Kanonen retten. Die Tatsache traf ihn im Herzen und zerbrach das Bild der Mutter und des Christuskindes und ließ an seiner Stelle das Bild des gekreuzigten Christus zurück ... *consummatum est!* Es ist vollbracht.«

Doch die Jungen, die den Krieg nicht durchgemacht haben, »können sich mit der Endgültigkeit des gekreuzigten Christus nicht abfinden ... sie traten ins Leben und fanden alles fertig beendet vor ... Nun kann kein Mensch leben, ohne eine Vision von sich zu haben. Aber noch weniger kann er leben mit einer Vision, die nicht in Übereinstimmung mit seiner inneren Erfahrung und seinem inneren Gefühl steht. Denn selbst nach dem Sühneopfer müssen die Menschen noch immer leben und mit der Vision vorwärtsschreiten.«

Und somit offenbart sich für Lawrence: »Christus

ist im Fleisch auferstanden!« Oder vielmehr entdeckt Lawrence mit seinem Instinkt für die Erweckung des Lebens die Auferstehung Christi.

»Christus ist im Fleisch auferstanden!«

Und Lawrence sieht sich mit seiner üblichen offenen, makellosen und unendlichen Aufrichtigkeit mit diesen Worten auf den Lippen die Kirche an, und er findet, daß die Kirche sich zurückhält, daß die Menschen sich zurückhalten. Die Menschen fürchten sich wieder.

Wiederum wird Lawrence verurteilt. Er bleibt allein.

Seine übliche Furchtlosigkeit des Geistes und der Seele gilt als blasphemisch. Was entweiht er denn? Halbwahrheiten in dämmernden Seelen – er entweiht die Neutralität und den faulen Frieden.

So geht Lawrence seinen Weg wieder allein, bis zum Ende seiner Erfahrung.

»Und Jesus wurde in Fleisch und Blut zum Leben erweckt. Er erstand als Mann auf Erden, um auf Erden zu leben. Die größte Prüfung stand ihm noch bevor. Sein Leben als Mann auf Erden ...

Dies ist das Bild unseres inneren Zustands von heute: das Lehren ist zu Ende, das Opfer ist gebracht, die Erlösung ist vollbracht. Jetzt kommt das wahre Leben, der Mann lebt sein volles Leben auf Erden, wie Blumen ihr volles Leben leben, ohne anderen Sinn oder Zweck als der Herrlichkeit, sich zu ganzer Fülle zu entwickeln.

Er erstand, um eins zu werden mit dem Leben, das große Leben von Fleisch und Seele gemeinsam zu leben – sich eine Frau zu nehmen ..., die Zärtlichkeit und das Erblühen der Zweisamkeit mit ihr zu erleben ...«

Lawrence hat sich wieder auf eine einsame Reise begeben. Wir zaudern und bleiben zurück – vielleicht noch hundert Jahre.

In ›Jack im Buschland‹ wird von einer Suche nach Gott erzählt. Der Junge sucht einen Vater. Keine beseligende, sprachlose Leere, keinen vergoldeten und unnahbaren Abgott.

»Der Gott, den er anrief, war ein dunkles, fast erschreckendes Mysterium ... Gott bist du selbst. Das stimmte nicht. Es gab einen schrecklichen Gott irgendwo anders ..., in seinem Innern war er allein ... Irgendwo *außerhalb* von ihm war ein schrecklicher Gott, der Gebote erließ ...«

Aber ein wenig später ist Jack anders zumute. Er hat sich mit boshaften Leuten herumgeschlagen, er hat Tiere gezähmt, er hat im Wald von seinem sechsten Sinn Gebrauch gemacht; Monica hat ihn erregt; er hat die Einsamkeit kennengelernt. Also sagt er: »Vielleicht war es schließlich am besten, allein zu sein. Denn wo man allein ist, ist man eins mit seinem eigenen Gott. *Der Geist in dir ist Gott in dir.* Und wenn du allein bist, bist du eins mit dem Geist Gottes in deinem Innern.«

Easu ist der Antichrist. Jack, der Junge, verabscheut ihn und will ihn auch weiterhin verabscheuen. Er will ihn sogar umbringen, mit der Zustimmung seines Gottes – mit dem er inzwischen sehr intime »kumpelhafte« Gespräche führt. Und als der Augenblick kommt, stimmt sein Gott zu. *Sein* Gott selbstverständlich, *nicht* der Gott seiner Tanten und seines Pfarrers.

Auch hier offenbart Lawrence, und das nicht zum erstenmal, seine Überzeugung vom Gott im *Manne* – im Mann, nicht in der Frau. Monica, die Frau, muß sich Jack hingeben. »Er verlangte diese Unterwerfung, als wäre es eine Unterwerfung unter seinen mysteriösen Herrn.« (Sie sind jetzt beide miteinander identisch!) »Sie würde sich nie direkt dem mysteriösen Herrn unterwerfen.« (Sie hatte Gott nicht erkannt.) »Und doch mußte sie sich dem ungeheuren Herrn ergeben. Durch ihn.«

Wenn der Bau der Welt, die Schöpfung, dem Mann anvertraut war und wenn es seine Art war, mit dem Herrn in Verbindung zu treten – dann mußte die Frau durch den Mann mit dem Herrn in Verbindung treten. Warum das so sein mußte, ist für die heutige Frau schwer verständlich. Die heutige Frau verlangt es auch danach, direkt und ohne Vermittlung des Mannes ihre eigene Welt zu errichten. Aber Lawrence wollte es ebenso für die *Frau.* Die Frau, die selbst eine Welt schafft (in der Kunst oder im Geschäftsleben), ist die Künstlerin oder Baumeisterin. Sie ist in Lawrences Metaphysik nicht vorgesehen. Wohl aber ihr innerster *Kern.* Er sah in der Frau die Emanation, die Ergänzung, die »Frau, die für sich nur ein Teil war, ein Fragment ...«.

Zu Lawrences Religion gehörte die Sonnenanbetung. Bei ihm gibt es viele an die Sonne gerichtete Beschwörungen. Hier nimmt er sie auf seinen Weg zu einer Art Religion einfach zur Kenntnis: »... die ungeheure durchschlagende Kraft und heilige Schönheit der Sonne . . ., die wilde, ungeheure, hitzige, ungezähmte Sonne, hitziger als ein glutäugiger Löwe mit einer großen Feuermähne, duckt sich am westlichen Horizont und starrt auf die Erde, als ob sie sich auf sie stürzen wollte, auf die mäuschenhafte Erde.

Und noch eine Pracht krönt den Mond . . . der ungeheure sanft getönte Strahl gefolgt . . . von einem großen wundersanften Lächeln.« Sonne und Mond werden ihm nun zu Symbolen – wie Tag und Nacht in ›Italienische Dämmerung‹ – zwei unterschiedliche Mächte – zwei Aspekte seines eigenen Seins.

»Und als die Flamme in ihm aufstieg, sich aus seinem Bauch losriß, in dem jähen neuen Verlangen nach Monica, war dies sein spiritueller Körper, der durch Feuer verwandelte Körper.«

Welchen Weg er auch einschlägt, er muß den Sex mystisch sehen, das ist Teil seiner Religion, ein grundlegender Teil. Es ist seine Religion, Wurzeln zu haben, wunderbare, *warme Wurzeln.*

Weder Mary noch Monica stellen ihn völlig zufrieden, und das erweckt in Jack eine quälende Dualität. Sie entsprechen nicht seiner Religion. Monica ist uneins mit Gott, weil sie meint, er lasse sie nicht natürlich sein, und sie will natürlich sein. Marys Gott ist der Gott der grobgestrickten Menschengesetze. Als Jack Mary sagt, er wolle beide, sie und Monica – »Im Augenblick gehöre ich nicht Monica . . . die Sonne geht, und der Mond kommt. Ein Mann ist nicht allein aus einem Garn gewirkt« –, klammert Mary sich an Formeln: ». . . aber du *solltest* allein Monica lieben«, und sie stellt sich der Weisheit ihres Körpers entgegen, die sie dazu drängt, sich hinzugeben.

»Sie war ein Stück der gepolsterten Welt.«

Er kann seine alttestamentarischen »vielen Ehefrauen« nicht haben, aber er weigert sich, sich zähmen zu lassen.

»Alle ... wollen mich zerstören ... auch passiv ..., denn im Innern meiner Seele kann ich mich nicht anpassen, kann mich nicht anpassen. Alle möchten sie den Nichtanpasser in mir umbringen, der ich doch bin!«

Der ewige Kampf des Individuums mit der Gesellschaft.

Jack unterwirft sich nicht der Gesellschaft. Er wird zwar besiegt bei dem Versuch, sich seine materielle Umwelt zu schaffen, nicht aber dabei, sich selbst zu schaffen. Darin ist er herrlich, stolz, sogar vielversprechend.

Es ist nicht Jack, der »über den Bergkamm und hinab in den stummen, grauen Busch ritt, in dem er sich einst verirrt hatte«. Es ist Lawrence. Er geht seinen Weg allein, aber mit seinem Gott.

Lawrences Reisen sind oft Pilgerfahrten.

In Italien geht er auf einen langen, seltsamen, eindringlichen Kreuzweg, der zu ausgedehnten Meditationen führt (›Italienische Dämmerung‹).

In ›Känguruh‹ findet seine Religion auch Ausdruck in den Worten des politischen Führers: »Die Rettung der Seelen scheint mir eine zu spekulative Aufgabe zu sein. Ich meine, wenn ein Mann wahrhaftig ein Mann ist, wahrhaftig seinem Wesen folgt, dann rettet sich seine Seele so von selbst. Aber keine zwei Menschen können ihre Seelen lebendig auf die gleiche Weise retten. So weit wie möglich müssen wir es ihnen überlassen.«

Die Vorstellung von der Vielfalt Gottes, das heißt, von vielen Göttern in jedem Menschen, und die Vorstellung individueller Götter als individueller Besitz kommen in ›Känguruh‹ auch konkret zum Ausdruck:

»Und in jede lebende Seele ergießt sich die Dunkelheit, das Unsagbare. Und dann kommt es zum Ringen des Sichtbaren mit dem Unsichtbaren. Der Mensch ringt mit seiner Seele, solange seine Seele lebt. In sein Unbewußtes brandet eine neue Flut der Gott-Dunkelheit, des lebendigen Unsagbaren. Und dieses Unsagbare ist wie ein Keim, ein Fötus, mit dem er ringen muß, um es am Ende zur Welt und zur Sprache zu bringen, zur Tat werden zu lassen, ins *Dasein* zu rufen.

Das lange Ringen. Das lange Streben der Seele im Innern eines Menschen und die endgültige Entbindung, die Geburt einer neuen Form des Erkennens, ein neues Gott-Einströmen ... Diesmal kein Gott, der auf Stein- oder Bronzetafeln kritzelt. Keine ewigwährenden Zehn Gebote. Auch keine Bergpredigten. Der dunkle Gott, auf ewig unenthüllt. Der Gott, der *vielen Menschen viele Götter ist*: allen Menschen alles ist. Die Quelle der Leidenschaft und fremdartiger Beweggründe ...«

Tod

Da Lawrences Philosophie so grundlegend auf einer Vorstellung des »Lebendigseins« beruhte, überrascht es nicht, daß seine erste Gefühlsreaktion auf den Gedanken des Todes aus äußerstem Entsetzen und aus Widerspruch bestand.

In ›Jack im Buschland‹ heißt es: »Der Tod, das große Ziel und Ende. Der Tod, die schwarze, leere, pulsierende Wirklichkeit, die sie alle verschlingen würde wie ein schwarzer Liebhaber, der sie schließlich besäße. Die große, schwarze Fleischlichkeit des Endes, der Riesenleib des Todes wirbelte heran, um sie alle zu verschlingen. Und dafür tanzten sie, und dafür liebten sie und gründeten Familien und bauten Farmen: um gutes Fleisch zu liefern und weiße, reine Knochen für den schwarzen, gierigen Schrecken des Todes.«

In ›Liebende Frauen‹ sieht Gerald, getroffen vom »starken glutheißen Schlag entsetzten Grauens«, seinen Vater sterben.

»Es war eine Feuerprobe. Konnte er es aushalten und zusehen, wie sein Vater langsam dahinschwand und starb, ohne nur einmal seinen Willen aufzugeben, ohne nur einmal vor der Allgewalt des Todes weich zu werden ... Die eigentliche Arbeit geschah in der Seele: das gräßliche Ringen um den Tod. Und sein Wille sollte siegen. Was auch kommen mochte, er wollte sich nicht beugen oder unterwerfen und keinen Herrn über sich erkennen. Der Tod war nicht sein Herr ... die grauenvolle Leere des Todes ...«

Gerald kann nicht allein kämpfen. Sein Instinkt führt ihn zur Frau – um das Gleichgewicht zu finden. Er sucht danach, die »aufgestaute Dunkelheit und den zerfressenden Tod« im Wunder körperlicher Erneuerung loszuwerden.

Das ist alles, für Gerald. Liebe gegen Tod – den unerträglichen Gedanken des Todes.

Als Ursula in einen Moment der Verzweiflung gerät, denkt sie über den Tod anders nach. Ein leeres Leben ist schwerer zu ertragen als der Tod. In anderen Worten, der Tod im Leben ist schrecklicher als der physische Tod. Und es ist der Tod im Leben, den Lawrence nie gekannt hat.

»Aber der physische Tod ist der große Vollzug, die vollziehende Erfahrung. Er ist die Entwicklung aus dem Leben hinaus ... Man muß gehen, wohin der unbeugsame Geist geht, man darf aus Angst die Entscheidung nicht scheuen.« Darin äußert sich eine Niederlage, denn Ursula empfindet den Tod als eine Leere, einen Schlaf. Aber während sie darüber nachdenkt, offenbart Lawrence seine eigene nachdenklichere Verfassung und damit seinen *Triumph über den Tod*:

»Und sie wußte mit der Klarheit äußerster Erkenntnis, der Körper ist nur eine von den *Formen des Geistes, die Wesenswandlung des unversehrten Geistes ist zugleich Verwandlung des Körpers.*

Sterben heißt mit dem Unsichtbaren vorwärtsgehen. Sterben ist auch eine Freude, die Freude, sich dem hinzugeben, das größer ist als alles Bekannte, nämlich dem reinen Unbekannten. Das ist eine Freude ... Im

Tod ist keine Schande ... Das Leben kann in der Tat schmählich und eine Schmach für die Seele sein. Aber der Tod ist niemals Schmach.«

Rückkehr zum Primitiven

Bei der Behandlung dieses Problems hat Lawrence erneut seinen klaren *Verstand* bewiesen.

Jede historische Periode gipfelte in einer Rückkehr zur primitiven Natur, aber jede Rückkehr endete gewöhnlich mit einer stärkeren Beachtung der Formen, als daß man sich wirklich die primitiven Eigenschaften aneignete. Rousseau popularisierte Schäferkostüme und Bauernhäuser, als wäre es für eine Maskerade oder einen Karneval.

»Hier werden endlich das Naturkind Rousseaus und der Edle Wilde Chateaubriands aufgesucht und zu Hause gefunden.«

Es hieß, daß Lawrence solch ein primitives Leben für uns befürwortete. »Er hat unter Indianern gelebt, wissen Sie.«

In seinen ›Studien zur klassischen amerikanischen Literatur‹ [deutsch unter dem Titel ›Der Untergang der Pequod‹] faßt er seine Schlußfolgerungen zusammen: »Die Wahrheit ist: *man kann nicht zurückgehen*. Manche Menschen können es: Renegaten ... Ich könnte nie zurückgehen. Zurück in die Vergangenheit, ins Leben der Wilden. Man kann nicht zurückgehen. Es ist das Schicksal, das man im Innern trägt.

Da sind diese Menschen, diese ›Wilden‹. Man kann sie nicht verachten und verachtet sie auch nicht. Man fühlt sich ihnen nicht überlegen. Aber es gibt eine Kluft, in Zeit und Sein. Ich kann mein Sein nicht mit ihrem mischen.«

Was er an den Indianertänzen bewunderte, die er so lebendig beschrieben hat, war die »Ganzheit« des Indianers, seine Konzentration, seine Einheit des Seins. In ihm gibt es keine Trennungen, geschaffen von einem gesonderten Bewußtsein. Das war das Wunderbare für Lawrence, der müde der Mühe war, die wir haben, unsere getrennten Sinne zusammenspielen zu lassen.

Doch es besteht das Bedürfnis nach einer *Erneuerung.* »Was tun sie? Wer weiß? Aber vielleicht geben sie sich dem pulsierenden unberechenbaren Fall des Blutes hin, das für immer zum Mittelpunkt der Erde zu fallen trachtet, während das Herz, das wie ein Planet auf einer Umlaufbahn pulsiert, das seltsame, einsame Kreisen der getrennten menschlichen Existenz aufrechterhält.«

Wieder nimmt der Gedanke der Erneuerung die Form an, sich in die Erde zu graben, zu den *Quellen des Lebens* vorzudringen. Das gleiche Gefühl finden wir in seiner Beschreibung des »Blut-Vollbringens« in ›Spiel des Unbewußten‹: »Während die Nacht hereinbricht und das Bewußtsein tiefer sinkt, ist plötzlich der rauhe Ruf des Blutes zu hören. Plötzlich erwachen die tiefen Zentren des sexuellen Bewußtseins zu spontanem Handeln. Plötzlich ist ein tiefer Kreislauf zwischen mir und der Frau hergestellt. Plötzlich schwillt das Meer aus Blut, das ich bin, an und stürzt auf das Meer aus Blut zu, das sie ist. Es kommt zu einem Moment der reinen Reibungskrise und Blutberührung. Und dann flutet alles Blut in mir zurück in seine Adern, verwandelt, verändert. Und in dieser Erneuerung liegt die große Magie des Sex. Denn sie ist eine Befreiung, ein vollendeter Sex-Kreislauf.«

Aber wir können nicht die ganze Zeit an der Quelle bleiben.

Mit seiner üblichen Wahrhaftigkeit versichert Lawrence, während er zwar die Indianertänze bewundert, daß es nie eine enge Verbindung oder einen Austausch mit den Primitiven geben kann.

»Wir können nicht zurückgehen. Wir können wohl auf unserem Weg voran einen großen Bogen in ihre Richtung machen ... Doch wie ich sage, wir müssen im vorwärtsführenden Lauf unseres Lebens jetzt eine *große Abschweifung* machen, um wieder die wilden Mysterien aufzunehmen. Aber das heißt nicht, uns selbst im Stich zu lassen.«

Die Frau

Lawrence ist wegen seiner vorsintflutlichen Auffassungen über die Frau gescholten worden. Sie waren nicht vorsintflutlich; nur mußten sie allerdings wieder in den Rahmen von Quintessenzen übertragen werden. Seine intuitive Intelligenz suchte den *Kern* der Frau. *Der Kern der Frau ist ihre Beziehung zum Mann*.

Die Frau, für die die Phallusanbetung nur die Hälfte der schöpferischen Göttlichkeit ausmacht, ist die Baumeisterin-Künstlerin. Lawrence befaßte sich nicht mit dieser von Frauen eingeschlagenen Richtung, sondern mit der Frau, die in der Baumeisterin-Künstlerin steckt. Mit der Frau rein und schlicht – oder weder rein noch schlicht.

Was war nun für sich genommen eine adäquate oder nichtadäquate Frau?

In ›Das junge Mädchen will es wissen‹ wirft er einen heiteren Blick auf die Freimütigkeit des modernen jungen Mädchens, und man spürt, daß er davon entzückt ist.

Er entwirft ein humorvolles Porträt von Laura Philipine: »›Wozu sind Jungs denn da als mit ihnen Jazz zu tanzen‹, sagt sie. ›Aber was ist, wenn du dreißig oder vierzig bist?‹ ›Och, ich glaube, es werden immer wieder neue Tänze erfunden werden.‹«

In ›Gib ihr eine Rolle‹ erkennt er das Problem der Frau, die ihr wahres Ich ausgelöscht hat, um den vom Mann gemachten Bildern zu genügen. Die Männer hatten die Bilder, sie entwarfen die Rollen – die Frauen füllten sie aus, um den Männern zu gefallen. Dante schuf Beatricen und Dickens die Kindfrau, und der moderne junge Mann schuf das Milchbubigesicht-Mädchen.

»Doch die Frauen sind nicht dumm . . . sie haben ihre eigene Logik. Eine Frau mag Jahre damit verbringen, einem männlichen Frauenideal nachzuleben. Doch am Ende wird die seltsame und schreckliche Logik des Gefühls ein Zerschmettern des Ideals bewirken, falls es gefühlsmäßig nicht befriedigte.«

Selbstverständlich schuf sich die Künstlerin, die selber Bildermacherin, Rollenmacherin war, ihre eigenen Bilder und ihre eigenen Rollen. George Sand war ganz und gar George Sand. In der Tat eine Offenbarung für die Männer. Wie es auch Madame de Staël war. Absolut selbstgeschaffene individuelle Persönlichkeiten. Wie es auch Jane Austen, George Eliot und Amy Lowell waren, und wie es heute Ruth Draper ist.

Nun hat der Anteil der Frauen, die Künstlerinnen geworden sind, zugenommen und damit auch die Macht der Frauen, in allen Berufen, Gewerben und Künsten zu ihrer eigenen tiefen Befriedigung ihre eigenen Bilder und Rollen zu schaffen. Und da kommt Lawrence und gibt zu, daß die meisten Rollenideale der Männer *nicht viel getaugt hätten.* »Was könnte eine Frau schon einem Mann geben, der sich ein Milchbubi-Gesicht wünschte? Was könnte sie ihm schon anderes geben als das Gesabber einer Schwachsinnigen?«

Ich würde das als äußerst starke Einfühlung in die Probleme der modernen Frau bezeichnen!

Dann analysiert Lawrence ironisch-allegorisch die *instinktive Erkenntnis* der Frauen.

»Es gibt zwei Erscheinungsbilder der Frau. Es gibt die Zurückhaltende und die Furchtlose.«

Aber »von einem Mädchen, das mit geübter Hand ein Auto lenkt, erwarten wir keine Zurückhaltung, wir erwarten von ihr Furchtlosigkeit«.

Jedoch: »Das Mädchen, das sich seinen Weg im Leben bahnen muß, muß furchtlos sein, und wenn es dazu noch hübsch und zurückhaltend ist, kann es sich glücklich preisen. Es schlägt zwei Fliegen mit zwei Klappen.«

Wieso? »Weil Zurückhaltung äußerlich kleidsam ist ...«

Man ersieht daraus, daß Lawrence der Baumeisterin-Künstlerin taktvolle Tips gibt, was äußerlich kleidsam ist.

»Es gibt auch zwei Arten des Selbstvertrauens: Es gibt Frauen von gockelhaft männlicher Selbstsicherheit und Frauen von hennenhaft weiblicher Selbstsicherheit. Eine Frau, die wirklich auf der Höhe der Zeit ist, besitzt die männliche Selbstsicherheit. Sie hat weder Zweifel noch Skrupel. Sie ist der moderne Typus. Wohingegen die altmodische zurückhaltende Frau sich so sicher war, wie eine Henne sich sicher ist, das heißt, ohne etwas davon zu wissen. Sie gluckte ruhig und geschäftig vor sich hin, legte die Eier und bemutterte die Küken in einer Art bangen Traums, der immer noch voller Sicherheit war. Ihre Sicherheit war ein physischer Zustand ...«

Der Hahn nun wieder »kräht aus der *Gewißheit*, daß

es Tag ist. Dann blinzelt die Henne unter ihrem Flügel hervor. Er stolziert zum Tor des Hühnerstalls und steckt anmaßend den Kopf hinaus. ›*Aha! Tageslicht, genau wie ich gesagt habe! . . .*‹ Die Henne akzeptiert das voll und ganz . . . Aus dem Haus sollte jetzt ein Mensch erscheinen und Körner streuen. Warum erscheint der Mensch jetzt nicht? Der Hahn wird dafür sorgen. Er ist sich als Hahn ganz sicher. Er kräht einmal laut im Tor, und der Mensch erscheint. *Die Hennen sind geziemend beeindruckt* . . . So geht der Tag weiter.

Doch in ihrer eigenen undeutlichen Sicherheit ist sich die Henne in Wirklichkeit und auf andere Weise viel sicherer als der Hahn. Sie stolziert davon, um ihr Ei zu legen, sie sichert sich eigensinnig das Nest, das sie haben will, sie legt endlich ihr Ei, tritt dann, sich plusternd vor Selbstvertrauen, hervor und gibt im vollsten Brustton der Überzeugung das selbstbewußteste aller Geräusche von sich, das hennenhaft selbstsichere Gegacker eines Vogels, der ein Ei gelegt hat . . .«

Die moderne Frau ist jedoch »vorgetreten und hat die Sonne aus ihrem Bett gerufen«. Da sie aber außerdem noch über die hennenhafte Selbstsicherheit verfügt, ist sie sich auch noch der Bedeutung zu sicher, die Sonne aus ihrem Bett zu rufen. Sie *übertreibt* es. Und außerdem: »Sie finden oft, daß sie, anstatt ein Ei zu legen, einen Stimmzettel abgegeben oder ein leeres Tintenfaß gelegt haben, oder irgendein anderes absolut unausbrütbares Ding, das ihnen nichts bedeutet.«

Lawrence ist sich der Tragik dieser Situation durchaus bewußt.

Die Frau will nicht in undeutlicher Sicherheit leben, mit den rein häuslichen, materiellen Beweisen für ihre Tätigkeit: den Eiern; doch genausowenig gibt ihr das Leben des Mannes Befriedigung. Lawrence sagt nichts gegen sie, nur daß die männliche Selbstsicherheit nicht zu ihr paßt. Er gibt zu verstehen, daß sie eine Menge mit ihrer weiblichen Selbstsicherheit hätte anfangen können – mit ihrer eigenen instinktiven Weisheit. Soll doch der Hahn in seiner Herrlichkeit die Sonne aufgehen lassen – wenn sie nur auf ihre Weise feminin sein kann –, und feminin sein heißt wie die Henne sein, geziemend beeindruckt von der Wirksamkeit des Hahnenschreis – falls sie feminin sein kann, wenn der Augenblick kommt, wird auch er zu ihr herrlich sein. Und sie wird beides haben, den Stimmzettel und das Ei zum Ausbrüten.

Die Beziehungen zwischen Männern und Frauen. Lawrence hat es bereits mehrmals gesagt, daß es keine vollkommene, das heißt konfliktfreie Beziehung geben kann. Und so lautet seine deutlichste Erklärung:

»Diese Individualität, die jeder von uns besitzt und die ihn für jedes andere Individuum zu einer wechselhaften, unberechenbaren, gefährlichen und zuverlässigen Größe macht, so daß jede Individualität irgendwann ausnahmslos gegen jede andere Individualität antreten muß – oder sonst die eigene Integrität verliert; aufgrund der unausweichlichen Notwendigkeit eines jeden Individuums, sich zu gewissen Zeiten von allen anderen Individuen zurückzuziehen, *ist die menschliche Liebe in der Tat etwas Relatives, nichts Absolutes. Sie kann nichts Absolutes sein.*

Aber da haben wir uns wieder an die Idee eines Absoluten geklammert, und das ist der wahre Grund der Tragödie: daß wir uns an die Idee dessen klammern, *was sein sollte,* anstatt daß wir zu *verstehen* suchen, was ist.

Mehr als in jeder anderen Beziehung ist in der Ehe die Frage der Oszillation von entscheidender Bedeutung. Im Verlauf einer bestimmten Anzahl von Jahren sind die Menschen vielerlei Verwandlungen unterworfen, doch weil zwei Einzelmenschen in einem bestimmten Augenblick auf demselben Gipfel standen, glauben wir irrtümlicherweise, daß sie immer in dieselbe Richtung wachsen können.«

Lawrence verweist auf eine Beziehung zwischen Mann und Frau, die auf dem Eingeständnis beruht, daß es zwei selbständige Ganzheiten gibt, auf der Anerkennung grundlegender Unabhängigkeit.

In ›Känguruh‹ beobachtet er die Ehe von Jack und Victoria. Jack fährt das Auto, und Victoria sitzt neben Somers und lächelt ihn an. Jack schweigt uninteressiert.

»Vielleicht kannte er seine Ehefrau besser als jeden anderen Menschen. Jedenfalls hielt er es nicht für nötig, ein Auge auf sie zu haben. Wenn sie Somers mit einem seltsamen, offenen Lächeln anblicken wollte, so war das ihre Sache. In der Richtung konnte sie tun, was sie wollte, soweit es ihn, Jack Callcott, anging. Sie war seine Ehefrau: Sie wußte das, und er wußte das. Und das stand endgültig fest. Solange sie nicht verriet, was zwischen ihm und ihr, als Ehemann und Ehefrau, war, konnte sie mit dem Rest von sich tun, was sie wollte. Und er konnte ihr, durchaus zu Recht, trauen, daß sie jener unbestimmbaren Beziehung treu blieb, die zwischen ihnen als Mann und Frau bestand. Er wollte das weite Feld ihres Bewußtseins nicht mit Beschlag belegen, und er tat auch nicht so.«

Aber woraus besteht denn nun diese unbestimmbare Beziehung?

»Sie war etwas Unbestimmtes: *das Feld der Berührung* ihrer beiden Persönlichkeiten. Wenn ihre beiden Persönlichkeiten sich trafen und verbanden, waren sie eins und dauerhafter Treue verpflichtet. Doch jener Teil in jedem von ihnen, der nicht dem anderen gehörte, blieb befreit von allen Nachforschungen und selbst allem Wissen. Jeder war stillschweigend damit einverstanden, den anderen zum großen Teil in seiner Unerkanntheit zu belassen, unerkannt in Wort und Tat und eben seinem Sein. Sie wollten es nicht wissen – zu viel Wissen käme Fesseln gleich ... Eine solche Ehe beruht auf einem sehr feinen Ehrgefühl und auf individueller Integrität.«

Lawrence-Somers ist wirklich sehr verstört von diesem weisen Arrangement. Er ist jedoch immer so wahrheitsliebend, daß er uns, nachdem er die Szene beschrieben hat, erzählt, daß Somers-Lawrence verstört *ist*, da ihm der Gedanke, die gleiche Philosophie auf seine eigene Ehe anzuwenden, nicht behagt. Eine menschliche Reaktion auf die Weisheit.

»Doch der Tag des Absoluten ist vorbei.« Und doch gibt es zwischen Mann und Frau eine Verbindung, die absolut sein muß. In ›Känguruh‹ ist Somers' Frau Harriet intuitiv dagegen, daß Somers sich an der Revolution beteiligt; nicht sosehr gegen seine Beteiligung, als vielmehr dagegen, daß er sich ihr entfremdet, daß er seine *ganze* Energie, sein *ganzes* Denken und sein *ganzes* Fühlen in diese neue Idee steckt. Wofür kämpft sie? Sie ist streng und unerbittlich in ihrem Scharfsinn. Zunächst ist Somers einfach irritiert und nennt Harriets Gefühle schiere Einmischung, einen Mangel an Verständnis. Als er dann darüber nachdenkt, hat sie teilweise recht. Und wieso?

»Wenn ein Mann und eine Frau wahrhaftig zusammenkommen, und wenn sie eine Ehe eingehen, dann entsteht zwischen ihnen eine unbewußte Lebensverbindung wie ein pulsierender Blutkreislauf. Ein Mann mag im Kopf eine Frau völlig vergessen und sich mit Tatkraft und Eifer in die Aufgabe stürzen, die ihn gerade beschäftigt, und alles ist gut, alles ist in Ordnung, *wenn er nicht die innere Lebensverbindung abbricht,* die das Geheimnis der Ehe ist. Doch wenn er nur einmal aus dem Einklang, aus der Verbindung ausschert, wenn er sich innerlich löst und zerfällt, wenn er auf das schlimmste der männlichen Laster verfällt, das Laster der Abstraktion und Mechanisierung, und dem Konzept folgt, allein und für sich zu arbeiten, dann vollzieht er den Bruch. Er verletzt die Frau, und er verletzt sich selbst, auch wenn keiner von beiden weiß, warum. Ein Mann muß vorwärtsstreben, aber von der Wurzel der Ehe ausgehen ... Wie ein Baum, der verwurzelt ist und aus seinen Wurzeln heraus wächst und blüht, so ist ein lebensaktiver Mann. Doch schlägt er eine falsche Richtung ein, durchziehen die Qualen den ganzen Organismus, von den Wurzeln angefangen. *Die Frau leidet blind an der falschen Richtung des Mannes und reagiert auch blind.*«

Diesmal hat Harriet recht.

Doch manchmal – und das ist Lawrences häufigster Vorwurf – versteht die Frau auch nicht dieses Blühen, das die Wurzeln flieht.

»Die Abwendung vom persönlichen Leben hin zu der verhaßten männlichen unpersönlichen Tätigkeit, von der sie ausgeschlossen bleibt.

Den größten Kummer bereitete es ihr, als er sich abwandte von ihrem persönlichen menschlichen Leben privater Intimität und sich der unpersönlichen männlichen Tätigkeit zuwandte, nach der er sich immer sehnte.

Sie stellte sich empathisch diesem Prinzip entgegen, das sie ausschloß. Sie stimmte der Notwendigkeit unpersönlicher Tätigkeit zu, aber ja, sie bestand darauf, mit dieser Tätigkeit identifiziert zu werden. Und er bestand darauf, daß es nicht sein konnte und nicht sein durfte: daß die reine männliche Tätigkeit frauenlos, jenseits der Frau stattfinden müsse. Kein Mann stand jenseits der Frau. Doch in seiner Eigenschaft als ultimativer Macher und Zerbrecher war er frauenlos . . .«

Es kommt zu vielen Scharmützeln zwischen ihnen. Somers will hinaus und »etwas mit der Menschheit ausfechten«.

»›Aber wozu dient dein Kampf?‹ fragt Harriet.

›Ich weiß es nicht. Aber es steckt in mir, und ich bin noch nicht fertig. Ich will eine Bresche schlagen – einen Weg für das, was kommt . . . Ich habe vor, mit Männern zu marschieren und Männer dazu zu bewegen, mit mir zu marschieren, bevor ich sterbe.‹

Er hatte seinen hitzigen Kurs eingeschlagen: um immer, wie sie sagte, wieder auf sie zurückzukommen, was um so schlimmer war für sein Unterfangen. Sie konnte mit all diesen hitzigen Bemühungen und Unternehmungen der Männerwelt nichts anfangen. Ihretwegen konnte der ganze Quatsch verschwinden.«

Er lachte, »in der Einsicht, daß sie mit den meisten ihrer Worte recht hatte«.

In der Liebe muß es Widerstand geben. »Wir sollten darum beten, daß uns widerstanden wird, bis zum bitteren Ende widerstanden wird.« In Beziehungen muß es Widerstand geben. Das ist die Grundlage der Stärke, des Gleichgewichts und des Einklangs.

Hierarchie. Eine Hierarchie ist eine Form, eine Formsache. Zum erstenmal beharrt Lawrence auf einer Form: Es muß eine Hierarchie geben.

In ›Känguruh‹ nimmt er ein Boot als Symbol. Das Boot »Harriet und Lovat« ist auf dem Meer. »Wir werden überhaupt nie einen geraden Kurs steuern, bevor du nicht erkennst, daß ich der Herr und Meister bin und du meine glückselige Gefährtin bist«, sagt Somers zu Harriet.

Glücklicherweise wird die Seereise von einem starken Sinn für Komik geprägt – denn sie ist schließlich nicht so fürchterlich wichtig, und es gibt viele Frauen, die gerne die Mannschaft wären.

»Und ich möchte, daß du dich meinem Geheimnis und meiner ahnenden Vorausschau unterwirfst und mich meine Flagge eines Phönix, der aus einem Flammennest steigt, hissen läßt . . .«

Harriet antwortet: »›Selbstverständlich, du einsamer Phönix, du bist der Vogel und die Asche und die Flammen, alles bist du selbst!‹

›Ja‹, sagte er, ›du bist das Nest.‹«

Der Grund, warum Harriet ihm den Kapitän nicht recht glauben kann: »[Er war] nicht einmal Herr seines eigenen Lebensunterhalts: im nächsten Jahr würden sie beide womöglich hungern. Und er war nicht einmal Meister über sich, mit seinen unbeherrschbaren Rasereien und seinen unkritischen Vertraulichkeiten anderen Menschen gegenüber.«

Später findet Lawrence zu seiner Wahrhaftigkeit zurück, und er kommt zu einem Kompromiß: »Menschliche Liebe, menschliches Vertrauen sind immer gefahrvoll, weil sie zerbrechen. Je größer die Liebe, je größer das Vertrauen, desto größer die Gefahr, desto größer das Unheil. Denn einem anderen Menschen absolut zu vertrauen ist schon an sich ein Unheil, für beide, da jeder Mensch ein Schiff ist, das seinen eigenen Kurs steuern muß, selbst wenn es in Begleitung eines anderen Schiffes fahren sollte.«

Also haben wir jetzt statt einem Schiff mit einem Kapitän *zwei Schiffe* und zwei Kapitäne. Aus wirtschaftlichen Gründen wäre es vielleicht genausogut, ein

Schiff mit zwei Kapitänen zu haben, die sich im Dienst abwechseln.

Von wirklicher Bedeutung (denn schließlich ist die Sache der Kapitäne sekundär) ist die *erste Entscheidung*, und Lawrence verweist hier auf einen häufigen Fehler: »Wir haben wieder den Fehler des Idealismus gemacht. Wir haben gedacht, daß die Frau, die so denkt und redet wie wir, die Blut-Antwort sein wird. Und wir erzwingen, daß es so sei. Zu unserem eigenen Unheil. Die Frau, die so denkt und redet wie wir, wird fast mit Sicherheit keine dynamische Blut-Polarität zu uns haben.«

In ›Känguruh‹ wird Victoria als attraktive feminine Frau gezeigt. Was hat sie zu bedeuten? Zuerst sieht sie Wunder in Somers. Glaube, bloßer Glaube. Das ist in dem Augenblick, als Harriet zu viel kritischen Verstand zeigt, besonders tröstlich. Es gibt immer die Frau, die einem Mann *absolut* glaubt. Es gibt immer eine faszinierte Frau und eine unbefriedigte Frau. Lawrence nennt eine Tatsache beim Namen.

Nur indem er äußerst wahrhaftig ist, kann sich Somers den balsamsanften Fängen von Victorias Unterwerfung entziehen. Er weiß den wilden Augenblick in Victoria zu schätzen, den bacchischen wilden Augenblick, den Somers, wenn er ein wirklich heidnisches Herz gehabt hätte, genossen hätte. Doch er hat kein heidnisches Herz, und der wilde Augenblick eines Flirts ist schließlich übertragbar.

Harriets Verständnis findet auf einer anderen Ebene statt.

»Sie war eine zu ehrliche Frau. Sie wußte, daß die Ehrlosigkeit, soweit sie sie fühlte, im Verlangen lag, nicht in der Tat. Auch für sie bestand die Ehre nicht aus dem Wort eines Schwures, das man hielt, weil man es geschworen hatte, sondern aus einem echten Gefühl, dem man getreulich folgte.«

Vielleicht aus diesem Grunde kommt Harriet in vielen Büchern vor, während Victoria nur einmal auftaucht.

Androgynes Schreiben. Die Intuition, über die Lawrence verfügt, verleiht seinem Schreiben eine seltsame Kraft, die als androgyn bezeichnet werden könnte.

Er vermochte die Gefühle von Frauen vollständig zu erfassen. Tatsächlich schrieb er auch oft so, *wie eine Frau* schreiben würde. Bekanntermaßen hat ein Kritiker den Roman ›Der weiße Pfau‹ einer Frau zugeschrieben.

In ›Känguruh‹ schildert er den politischen Führer wie folgt: »Känguruh war nicht wirklich geistreich. Doch er besaß einen so unschuldigen Charme, ein so außerordentlich gewinnendes Wesen, daß es viel köstlicher als Geist war« (für eine Frau). »Er strahlte Wärme aus« (was ebenfalls eine Forderung an die Frau und gewöhnlich keine an den Mann ist). »Man hatte das Gefühl, gekuschelt wie ein Kind an seiner Brust geborgen zu sein, in der sanften Glut seines Herzens.« (Wiederum ein rein weibliches Gefühl.)

Lawrence konnte solche Dinge entweder fühlen oder, neben Harriet sitzend, genau erahnen, was sie über Känguruh fühlte oder dachte.

In ›Liebende Frauen‹ wird ein junger Mann so geschildert: »Er hatte ein weiches, ziemlich degeneriertes Gesicht. Gerade seine Weichheit wirkte anziehend; eine weiche, warme Natur, in die man mit Befriedigung eintauchen könnte.« Auch ein weibliches Gefühl.

›Lady Chatterley‹ etwa wird dadurch zu einer so bemerkenswert vollendeten Liebesgeschichte, daß durchweg von einem doppelten Standpunkt aus erzählt wird, wobei jeder Augenblick der Beziehung die Gefühle der Frau ebenso zeigt wie die des Mannes und die der Frau mit einem höchst feinfühligen und empfindlichen Spürsinn offenlegt.

Bei kurzen Beschreibungen von Kleidern sieht Lawrence die Aufmachung der Frau nicht oberflächlich, rein optisch, wie es für Männer typisch ist; er ist vielmehr empfänglich für die Eigenschaften der Materialien und Stoffe, wie sie fallen und fließen und sich anschmiegen, und für die raffinierten Farbschattierungen. Ein Hut, so oder so aufgesetzt, verrät eine Stimmung, eine bestimmte Klasse, und das gilt auch für die Art und Weise, wie ein Regenschirm gehalten, ein Kleid getragen wird.

Er hat eine eigene Art, auf die kleinen Beschäftigungen der Frauen zu achten: wie sie mit Babys umgehen und mit ihnen reden, wie sie kochen, wie sie unterschiedlich den Tisch decken und den Tee servieren, was sie von einem Haus halten, von den Möbeln, von der Dienerschaft, wie sie saubermachen... Und es entsteht nie das Gefühl, daß jemand von außen auf Dinge schaut, die keinerlei Beziehung zu ihm haben. Lawrence verfolgt den Ablauf kleiner Betätigungen und zeigt dabei wirklich die Stimmungen, die sie begleiten.

Erinnern wir uns an Anna Brangwens aggressiven Hausputz vor der Teegesellschaft. Hier erreicht Lawrence eine extreme lebendige Realität. Das machte Frauen ihm gegenüber sensitiv, während sie ihm gleichzeitig seine Vorwürfe übelnahmen. Da er sie doch auf so intime und verletzliche Weise kannte, meinten sie, daß er sie nicht von außen hätte kritisieren dürfen. Er hätte sich immer und ewig teilnahmsvoll in sie einfühlen sollen.

Das hat er bisweilen auch getan. Sein Mitleid nahm die Form ungewöhnlichster Zärtlichkeit an. Wenn Mellors Lady Chatterley beobachtet, die angesichts der neugeborenen Küken weint, weil sie sich ein Kind wünscht – dann ist Mellors, der ungebrochen männliche Mann, tief gerührt. Die blinden Reaktionen und Heftigkeiten Harriets in ›Känguruh‹ rühren Somers. Lawrence weiß die ganze Zeit Bescheid, er versteht sehr wohl, doch die Wahrheit ist ihm weitaus wichtiger.

Seine botanischen Kenntnisse sind wissenschaftlich fundiert, doch seine Beobachtungsgabe ist in ihrer Gründlichkeit und Sensitivität feminin. Er kennt die Namen der Blumen, doch er spürt auch, daß es zwischen ihnen mehr als botanische Unterschiede gibt.

In dem Gespräch der beiden Schwestern gleich zu Beginn von ›Liebende Frauen‹ bleibt jegliches Mann-Bewußtsein auf seltsame Weise ausgeschlossen. Sie reden über Männer, Ehe und Kinder, doch aus einer stillschweigenden, grundlegenden Haltung heraus, die auf klare, feste Weise ausschließlich weiblich ist.

Biologischen Beobachtungen zufolge sind die Emotionen des Mannes genau konzentriert, während sich die der Frau auf den ganzen Körper verteilen. In ›Känguruh‹ spricht Somers davon, »überall empfindungsfähig zu sein«, und so mag es eben diese Eigenschaft bei Lawrence sein, die ihn dazu treibt, auf jene ganz besondere Art zu schreiben, daß das Geschriebene bisweilen aussieht, bis in den feinsten Faltenwurf der Gefühle vorzudringen, vor Empfindsamkeit fast zu strotzen – ganz so wie weibliches Schreiben.

In allen Konfliktschilderungen werden die Reaktionen des Mannes und der Frau gleichermaßen dargelegt. Er ist sich im gleichen Maße der zweifachen Strömungen absolut bewußt. Es gibt keine einseitigen Monologe. Es gibt immer eine Frage und eine Antwort.

Sein Mißtrauen gegenüber dem Intellekt ist selbstverständlich der weiblichen Natur sehr nahe. Er vertraut der Intuition. Er erkämpft sich deren Hellsichtigkeit, durch viele chaotische Seiten. Und das ist ein rein weiblicher Kampf. Seine Augenblicke *blinder* Reaktionen erwecken einen Widerhall in Frauen.

Nachdem er die ursprünglichen Quellen der Einstellung und der Impulse der Frau berührt hatte, ergab sich alles andere naturgemäß von selbst. Es ist nicht das erste Mal, daß Künstler und Dichter der Frau näher als andere Männer gekommen sind. Aber es ist das erste Mal, daß ein Mann die Frau in ihrer Ganzheit so vollkommen und genau zum Ausdruck gebracht hat.

Sprache – Stil – Symbolismus

Lawrences Sprache hinterläßt einen körperlichen Eindruck, weil er seine körperliche Reaktion in das Objekt seiner Beobachtung hineinprojizierte. Man braucht nur zu sehen, wie er die Kirche San Tommaso betritt: »Ich betrat die Kirche. Sie war sehr dunkel ... Meine Sinne waren geweckt, sie sprangen hellwach in das *heiße, würzige Dunkel.* Meine Haut war in Erwartung, als erwartete sie irgendeine Berührung, eine Umarmung, als wisse sie vom Angrenzen der physischen Welt, von der *körperlichen Berührung mit dem Dunkel* und der schweren, suggestiven Substanz des Innenraums. Es war ein dichtes, stolzes Dunkel der Sinne.«

Die Bestandteile Dunkelheit und Hitze sind durch die Sinne auf ihn übergegangen und sind jetzt eins mit den Bestandteilen der Kirche.

Er drängt seine dichterische Empfindung zur Selbstdarstellung in der Beschreibung des Gegenstands an sich. Man braucht sich nur anzusehen, wie er in der Erzählung ›Sonne‹ über die Sonne schreibt: »Durch ihre Finger schaute sie hoch zur Sonne in der Mitte, zu ihrem blauen, pulsierenden Kreis, dessen äußere Ränder ein Glänzen verströmten. Wunderbar blau pulsierend und lebendig und weißes Feuer von den Rändern verströmend: die Sonne!

Unterdessen stiegen Wolken wie weiße Bäume hinter den Bergen auf, während der Nachmittag schweigend in Ohnmacht versank, stiegen auf und breiteten sich wie schwarze Äste rasch aus am Himmel, aus dem der Blitz zustieß wie ein Vogel.« Nicht der Nachmittag versinkt in Ohnmacht; es ist vielmehr das eigene Verlangen, in der Vollkommenheit seines Schweigens zu versinken, das Lawrence beschreibt.

Wir haben »das offene Lächeln Victorias« und »den offenen Blick Minettes«. Damit wird nicht tatsachengerecht eine körperliche Reaktion beschrieben, sondern eine durch die Natur des Lächelns und des Blicks ausgelöste Empfindung.

Ein solcher Umgang mit Wörtern ist uns eher aus der Poesie vertraut. Lawrence hat die poetischen Möglichkeiten der Sprache in seine Prosa eingebracht, was in vielen Fällen bis in den Rhythmus reicht:

»Dunkelohrige Esel und laufende Männer, laufende Burschen, eilende Esel im Paßgang auf feinen Füßchen unter gewichtigen Doppelkörben mit Tomaten und Kürbissen, gewichtigen Doppelnetzen voll von blasenförmigen Krügen, Doppelbündeln sauber geschnittenen Reisigs, sauber wie Zigarettenpäckchen, und Doppel-Netzsäcken mit Holzkohle. Esel, Maultiere kommen daher, gewichtige Packkörbe tanzen im Takt unter der thronenden Frau, gewichtige Bündel prallen gegen die Flanken der schlankfüßigen Tiere. Ein Eselfüllen trottet nackt hinter seiner hochbeladenen Mutter her, ein weißer, sandalenbeschuhter Mann folgt mit lautloser indianischer Hast und ein leichtfüßig laufendes Mädchen.«

Oder: »Das Fleisch hob den Geist auf, der Geist hob das Fleisch auf, das Gesetz des Gleichmaßes erfüllte sich, das Gesetz der Mönche, die auf und ab schritten.«

Sehr oft ist es übrigens die rhythmische Unterströmung, die das sorglose Schreiben erzeugt. Die Wörter hören fast auf, eine feste Bedeutung zu haben; statt dessen bilden sie Kadenzen, sie fließen, und Lawrence gibt den Kadenzen nach. Deshalb das häufige »und« und die vielen Reihungen, refrainartige Wiederholungen, Wörter, die mehr suggerieren sollen, als ihre fest umrissene, herkömmliche Bedeutung trägt.

Auch sprachlich war Lawrence produktiv und variabel. Da ist die nahezu klassische Einfachheit von ›Söhne und Liebhaber‹, der biblische Ton von ›Jack im Buschland‹, die Klarheit von ›Italienische Dämmerung‹, der gequälte, rudimentäre Widerstand der Wörter in ›Liebende Frauen‹ und ›Das verlorene Mädchen‹, – er quälte die Wörter, um die Beweglichkeit der Dinge und manchmal ihre Essenz einzufangen, die Quintessenz dessen, was sie andeuten. Die ›Studien zur klassischen amerikanischen Literatur‹ sind synkopiert mit megaphonischen Einschüben.

Als reine Beschreibungen sind die Tänze in ›Mexikanischer Morgen‹ geradezu vollkommen. Hier zeigt sich eine umfassende objektive Anschauung, die durchdrungen ist von einer herrlichen poetischen Imagination. Dem geschärften Gefühl für Farbe, Rhythmus und Form entspricht ein ebensolches Verständnis ihrer symbolischen Bedeutung. Von seinen rhythmischen Wiederholungen geht auch eine fast okkulte hypnotisierende Wirkung aus. Sie sind zu lang, um sie vollständig zu zitieren, und in Auszügen verlieren sie ihren Zusammenhang, doch einige Beispiele sollen genannt werden:

»Zwei Männer legen die Adlerfedern an und nehmen den Schild an den Arm und tanzen die Pantomime eines Kampfes, einen Speertanz. Der Rhythmus ist eigentlich der gleiche, die Trommeln bewahren das Pochen des Herzens, die Füße den eigenartigen Vogeltritt, den weichen, schweren vogelhaften Schritt, der gleichsam auf die Erdenmitte zutritt ...

Das Geheimnis der wilden Geschöpfe, die aus ihren Festungen, ihren winterlichen Schlupfwinkeln und Erdhöhlen herausgeführt werden, zu Gehorsam gebannt durch die Zartheit und den gebieterischen Ernst der Mädchen, die auszogen, sie zu suchen, im Winter Nahrung zu suchen, und die hinter sich her als ein Gefolge die wilden, die scheuen, die reißenden Tiere ziehen ... die fein und gemessen hinter den langsamen Drehungen der beiden Mädchen herschreiten, die ihre Kürbisrasseln in einem feinen, raschen, dreitaktigen Rhythmus schütteln und niemals den Ausdruck ihrer großen dunklen Augen unter den dunklen Stirnfransen verändern ... der magischen weiblichen Einfühlsamkeit, der wunderbaren Macht weiblichen Suchens und Sehnens, die sogar den Bären aus seiner Höhle hervorziehen kann ...

Sie fallen nieder, nieder, nieder im schweren, unaufhörlichen Tanzsprung, und die köstlichen Muschelketten hüpfen auf den nackten Brustkörben, die Halsmuschel flattert auf und nieder, der kurze, weiße Kilt aus gewobenem Stoff mit schwerer wollener Stickerei, grün und rot und schwarz, öffnet und schließt sich leicht zum kräftigen Heben der Knie; die weißlichen Kordeln, die seitlich vom Kiltband hängen, schwingen und ringeln sich unaufhörlich an der Seite des rechten

Beins bis nieder zu den Knöcheln, die Schellen am rotgewobenen Band unter den Knien klirren ohne Ende, und die Füße in hirschledernen Stiefeln, rund um die Knöchel mit Pelz besetzt, der schwarz ist mit weißer Spitze, kommen nieder mit herrlicher, wuchtiger, weicher Präsision, erst der eine, dann der andere, sinken immer senkrecht zur Erde . . .«

Er ist Maler; er besitzt einen untrüglichen Sinn für farbliche Unterschiede, Kompositionen und Veränderungen.

Farbe spielt bei Lawrence eine herausragende Rolle, und farbliche Eigenschaften werden subtil ausgemalt. Er liefert ein wirkliches Gemälde der Natur, der Tiere, der Kleider, des Umfelds. Die Farbe bleibt nie unerwähnt. Sie ist eines der Dinge, die seinem Werk eine unglaubliche Realität verleihen. Trotz des Denkens, der Philosophie, der Abstraktionen ist sein Werk realistisch: durch die Lebendigkeit seiner Sinne. Alle seine Sinne sind schärfstens entwickelt: Hören, Sehen, Geschmacks-, Geruchs- und Tastsinn.

In ›Mexikanischer Morgen‹ ist die Erde »bleich vor Trockenheit, unmenschlich, mit einem schwachen Alkaligeschmack«.

Viele Male hat er versucht, die unterschiedlichen Beschaffenheiten der Haut zu beschreiben, die chamäleonartigen Eigenschaften der Augen, wie es sich anfühlt, wenn der Körper mit Meerwasser und Regen in Berührung kommt, die Veränderungen der Farben des Tages. Er dringt mit den Sinnen völlig in die Dinge ein. Deswegen ist sein abstraktestes Denken auch immer tiefreichend: Es ist in Wirklichkeit konkret, es durchläuft die Nervenstränge der Sinne. Literarische Werke zeichnen sich in der Regel entweder durch die eine oder andere stilistische Eigenheit aus. Die intellektuelle Einkleidung von Abstraktionen ist eine bekannte Schwäche von Schriftstellern. Aber Lawrence arbeitete wie ein Maler, der an der Anatomie formt, nach der er die Figur malt, die er dann in Tücher hüllt.

Das ist auch der Grund, warum manche Sätze und Wendungen lächerlich erscheinen mochten. Die Männer und Frauen in seinen Büchern sind sich der Lenden und Hüften ihres jeweiligen Gegenübers, der körperlichen Regungen und Bewegungen unter der Bekleidung bewußt. Es ist ein Gefühl, das Malern und Bildhauern vertraut ist, und es entspricht in Wirklichkeit der Wahrheit, auch wenn es bis jetzt nur unbeholfen ausgedrückt worden ist. Lawrence versuchte sich mit seinem Schreiben an sehr schwierigen Dingen. Für ihn war es ein Instrument unbegrenzter Möglichkeiten; er gab der Sprache die *schwellende Plastizität von Skulpturen*, das Gefühl wuchtiger leiblicher Fülle: deshalb die Lenden der Männer und Frauen, die Hintern und Hüften. Er gab ihr die Nuancen der Malerei: deshalb das Bemühen, Farbschattierungen in Wörtern zu vermitteln, die noch nie für Farben benutzt worden waren. Er gab ihr den Rhythmus der Bewegung, des Tanzens: deshalb seine eigensinnigen, formlosen, fließenden, wortzertrümmernden Beschreibungen. Er gab ihr Klang, Musikalität, Kadenzen: deshalb wurden Wörter bisweilen weniger ihrer Bedeutung wegen als vielmehr wegen ihres Klangs eingesetzt. Es war ein Wagnis, das er unternahm. Manchmal mißlang es ihm. Gewiß aber war es der Spalt in der Wand und eröffnete uns eine neue Welt.

In ›Liebende Frauen‹ schwelgt er in einem bestimmten Augenblick in der Suggestivität, die durch die Mischung dreier Sprachen geschaffen wird. Gudrun und Loerke verständigen sich mittels Suggestion – nicht mittels des fertigen, geschliffenen Produkts einer Sprache, sondern mittels der Suggestivität vieler Sprachen.

Tiere werden eingeführt, um Kontraste herzustellen oder das visuelle Bild zu verstärken: Wir wissen, wie ein Kaninchen frißt, wie eine Katze geht; wir kennen die Leichtigkeit von Insekten. Wie Loerke Gudrun begreift, das hat etwas Insektenhaftes. Wie sonst käme die Zartheit und Präzision seines Begreifens zustande, wie sonst könnte er sie beflügelt durchdringen?

Er kann langsame, klare Beschreibungen und rasche, kaleidoskopische geben. Er reicht vom Impressionismus von ›Das verlorene Mädchen‹ bis hin zur angelsächsischen Nüchternheit der ›Reflexionen über den Tod eines Stachelschweins‹.

Doch immer bricht seine Individualität hervor, zerstört immer jegliche Dauerhaftigkeit – wie aus einem Mißtrauen gegenüber der Form. Und dann gibt er Slang, Flüche, abgedroschene Phrasen von sich. Er steckt voller Überraschungen, voller Unfug; manchmal ist er geschmacklos. Er ist nie eintönig oder schmucklos. Gelegentlich hat man das Gefühl, er hätte seine Originalität unterdrücken sollen, doch dann wäre uns womöglich einiges von der Kraft seiner Prosa verlorengegangen.

Selbst in seinen Verschrobenheiten ist er selten unaufrichtig. In den meisten Fällen läßt sich kein anderes Wort, keine andere Art des Wortgebrauchs finden. Es entspricht vollkommen seiner eigenen Bildlichkeit, der phantastischen Beweglichkeit seines Denkens.

Noch seine sorglosesten Seiten zeugen von seinen Forschungen. Er hatte viele alte symbolische Begriffe verworfen und mußte sich so sein eigenes Vokabular schaffen. Doch wenn das alte Symbol seinem Denken entspricht, verwendet er es auch, wie er auch auf die abgenutzten Wendungen der Bibel zurückgreift.

In seinen Gedichten verwendet er das sehr alte Symbol der Gans. »Und die Gans ist der Vogel des Himmels, ein Symbol des Yang, der höchsten schöpferischen Energie, der Liebe, Beständigkeit, Wahrheit, Inspiration.« (›Ancient Pagan Symbols‹, Elizabeth Goldsmith.)

». . . die starke Macht der Symbole beruht zum Teil auf dem Erinnerungsvermögen . . .«

Doch die *Macht* wirkt sich nicht aus, wenn man sich nicht wirklich erinnert. Die Mühen der Erinnerung sind eine Art Pilgerfahrt; der Gebrauch abgenutzter Wörter, die keine echte Reaktion mehr hervorrufen, gleicht einem sinnlosen, unbeteiligten, mechanischen Aufsagen des Rosenkranzes. Lawrence unternimmt ungeheure Anstrengungen, sich auf eine aufrichtige Pilgerfahrt zu begeben, um nichts mechanisch zu wiederholen, dessen Bedeutung für ihn gestorben ist.

Er nimmt das alte Symbol des Schwans und deutet es im Lichte seiner eigenen Vision: der Schwan als Lebensflamme, als reiner Geist des Animalischen.

»But he stoops, now
in the dark
upon us;
he is treading our women
and we men are put out
as the vast white bird
furrows out featherless women
with unknown shocks
and stamps his black marsh-feet on their white and marshy flesh.«

Doch er senkt sich, jetzt
im Dunkel
über uns;
er bespringt unsere Frauen
und wir Männer werden kaltgestellt
während der große weiße Vogel
unsere ungefiederten Frauen pflügt
mit nie gekannten Stößen
und stampft mit seinen schwarzen Sumpf-Füßen auf ihrem weißen und sumpfigen Fleisch.

Frauen sind der Erde stärker verbunden. Es gibt eine geheime, natürliche Verbindung zwischen ihnen und Elementarströmen.

»Come not with kisses
not with caresses
of hands and lips and murmurings;
come with a hiss of wings
and sea-touch tip of a beak

and trembling of wet, webbed, wave-working feet
into the marsh-soft belly.«

Komm nicht mit Küssen
nicht zu liebkosen
mit Händen und Lippen und murmelnd leis;
komm mit den rauschenden Schwingen
der Schnabelspitze Meer-Berührung
den bebenden nassen wellenwassernden Schwimmfü-
ßen
in den sumpfweichen Bauch.

Eine begehrende Neigung richtet sich auf die Tiefen der Erde, wo wir Erneuerung finden sollen, denn »wenn uns unser Begehren verläßt, sind wir gottlos und gedankenvoll«.

»... der Mensch hat Schlagseite auf der Seite der Engel ...«

Oft steigt das alte Symbol des Phönix in Lawrences Werk auf, so zum Beispiel in ›Känguruh‹. »Der Phönix steigt auf aus der Asche.« Das ist genau das Bild dessen, was er über Zerfall und Auferstehung empfindet. (Siehe das Kapitel über ›Liebende Frauen‹.)

Letztlich hat Lawrence selber dargelegt, was das Wesen seiner Sprache, seines Stils und Symbolismus ausmacht:

»Wenn es irgendwo um Bedeutung geht, selbst die des einfachsten Wortes, muß man innehalten. Es gibt nämlich zwei große, für immer getrennte Kategorien von Bedeutung. Es gibt die Massenbedeutung, und es gibt die individuelle Bedeutung. Das Wort entführt das Individuum auf seine eigene Reise, und dabei nimmt das Wort seine eigene individuelle Bedeutung an, die auf der echten imaginativen Reaktion des Individuums beruht. Und wenn uns ein Wort in seinem individuellen Charakter zufällt und in uns die individuelle Reaktion auslöst, ist das für uns eine große Wonne.«

Über-Spannung

Lawrence konzentrierte sich auf das Streben nach einer Erfahrung mit all den langsamen, verschlungenen und mühseligen Elementen seiner eigenen Natur. Mit seinen Abschweifungen wuchs er in seinen Romanen auf eine Weise, die Formalisten zur Verzweiflung bringt. Was er auf den mannigfaltigen Seitenwegen seiner Einfälle und seiner Intuitionen entdeckte, war manchmal unwesentlich, manchmal einzigartig.

Er wußte um die unendlichen Nuancen der Stimmungen wie des Denkens, und er trieb ihre Entwicklung unnachsichtig voran. Das Ergebnis war von so einer umfassenden Fülle, daß sie ermüdend war für solche Leser, die von klein auf mit direkter, kondensierter, leicht verdaulicher Literatur gefüttert worden waren.

Doch wir verdanken dieser Über-Entwicklung etwas.

Denn genau diese Undeutlichkeit der Konturen, seine Ungenauigkeit ließen Lawrence in das Unbekannte eindringen. Sein Verlangen, der verborgenen Bedeutung eines alltäglichen Ereignisses auf die Spur zu kommen, führte ihn manchmal zu überladenen und exzessiven Beschreibungen. Darin ähnelt er bisweilen Marcel Proust. Schichten obskurer Erinnerungen wurden unerwartet durch den Geruch eines Gebäcks oder beim Binden der Schnürsenkel aktiviert. Niemand wußte, durch welches Zusammenspiel eine Erinnerung aus dem Vergessen aufsteigen und die Dunkelheit unserer Welt erleuchten würde.

Was zu einfach und zu direkt ist, läßt eine Menge weg.

Proust ist von peinlicher Genauigkeit. Lawrence bewegt sich bisweilen mit der gleichen unendlichen Sorgfalt weiter.

Wenn wir nur genau hinsehen (»die Anstrengung der Aufmerksamkeit«), zeigt sich in einer unscheinbaren Gebärde vielleicht ein Symbol, blitzt ein Traum auf. Deshalb verweilt er aufmerksam bei kleinen Dingen. In seinen Büchern (vor allem in ›Das verlorene Mädchen‹ und ›Liebende Frauen‹) erspart er uns nicht die langen Momente seiner Wachsamkeit, die oft nichts erbringen. Er feilt nicht daran, uns ein durchgeformtes Kunstwerk zu liefern. Er lebt und entwickelt sich weiter in seinem eigenen Buch. Und als Folge davon bewirkt er außerdem, daß wir leben und uns dadurch weiterentwickeln, daß wir »die Beschränkungen des Bewußtseins akzeptieren und uns gegen die sonnengetränkte Welt des Chaos auflehnen«.

Falls wir die labyrinthische Reise machen wollen – haben wir nicht die labyrinthische Reise mit Proust gemacht? – falls wir ihn begleiten wollen, na gut. Er ist augenblicklich viel zu beschäftigt, viel zu sehr auf seine Sache bedacht, um uns zu unterhalten.

Und sehr häufig steht erst am Ende einer unerwarteten Wendung eine Erfahrung oder gibt erst dann ihre Bedeutung preis. Werfen wir einen Blick auf sein letztes Buch, ›Die Jungfrau und der Zigeuner‹ (ein Buch, das einen davon überzeugt, daß Lawrence sein Werk vollbracht hatte, als er starb). Erst mit dem letzten Satz – *»Und erst dann wurde ihr klar, daß er einen Namen hatte«*

– trifft uns die volle Erschütterung von Yvettes unwirklicher, umgewandelter Erfahrung. Der Mann ohne Namen war das Symbol einer fast unpersönlichen Blut-Erfahrung, die gewissermaßen mit der ganzen Erde verbunden war, mehr mit dem Universum als mit einem bestimmten Menschen. Der Mann hatte für sie nie einen Namen gehabt so wie andere Menschen. Er war ein unterirdischer Funke des Lebendigseins, der gekommen war, um die dunklen Götter in ihr zu wekken, und dann wieder verschwunden war.

Im Widerstreit

Gewisse Lawrence-Leser wurden von der ersten Welle seiner Sinnlichkeit so stark getroffen, daß sie nicht weiterlesen konnten. Der abstoßende Tatbestand »Pornographie« schloß für sie jedes Vorhandensein von Gedanken, Poesie und Philosophie aus. Lawrence, so sagten sie, sei ein Sklave der Sexualität. Indessen wurden sie vom Sex erstickt, überwältigt, unterjocht. Und in diesem Zustand blieben sie, da sie für die Verteidigung der Reinheit und gegen die sexuelle Versklavung stritten – Lawrences Versklavung, meine ich.

»It is only immoral
to be dead-alive
sun-extinct
and busy putting out the sun
in other people.«

Unmoralisch ist nur
lebendig tot zu sein
sonnenerloschen
geschäftig in anderen Menschen
die Sonne auszulöschen.

Das ist vielleicht nicht beispielhaft für die besten Gedichte, die Lawrence schrieb, doch drückt es aus, was Lawrence über Moral empfand.

Und wer war nun wirklich sexuell versklavt, der

Mann, der in Lawrence nichts anderes als Sex erblickte, oder Lawrence?

Zur Erklärung seiner sogenannten Krankhaftigkeit ist auch gesagt worden, daß der Schrecken des Krieges Lawrence dermaßen gequält habe, daß er Zuflucht in der Sinnlichkeit suchte, der »unbeseelten Sinnlichkeit« von ›Liebende Frauen‹.

Mit seiner Flucht in dem Augenblick folgte Lawrence einem gesunden Instinkt, der die Menschen im Augenblick des Todes zum Leben drängt. Gerald drängt es um so heftiger zu einer Blut-Verbindung mit Gudrun, da sein Vater gestorben ist. Lawrence trat dem Krieg, der der Tod war, mit einer leidenschaftlichen Lebensbehauptung entgegen. Doch wie wir sehen werden, kann von »unbeseelter Sinnlichkeit« in ›Liebende Frauen‹ überhaupt keine Rede sein. (Siehe das Kapitel über ›Liebende Frauen‹.)

Eine ernste Sorge für die gesunden Menschen, die Krankhaftigkeit für eine ansteckende Krankheit halten.

Selbstverständlich findet sich bei Lawrence auch eine Form von Krankhaftigkeit. Bei Lawrence findet sich alles.

Jeder Denker war in einem gewissen Sinne krankhaft. Jede Versenkung in die Arbeit an einem schöpferischen Werk hat immer einen Zustand übersteigerter Sensibilität erzeugt. Die Trancen der Hindus, die Verzückungen der christlichen Märtyrer, das Schaffens-, das Denkfieber sind alle gleichermaßen abnorm gewesen. Doch in solchen abnormen Zuständen erschienen

Visionen, die hinterher bei normalen Menschen in normalen Lebensumständen nützliche Verwendung fanden.

Manche der revolutionären, bilderstürmerischen Aussagen Lawrences haben den Eindruck erweckt, er sei ein bloßer Anarchist gewesen. Und in bestimmten verbitterten Augenblicken war er das auch. Manche seiner Reaktionen waren überzogen, weil die Bitterkeit seiner Erfahrungen ihn aus dem Gleichgewicht warf. Das rebellische, kämpferische Denken verfehlt sehr oft Grundwahrheiten. Große Schriftsteller haben gewöhnlich nur dann zu sich selbst gefunden, wenn sie sich von ihren Feindbildern befreien konnten. Lawrence war nie völlig frei, doch er fand zu sich, denn er war stark genug und schuf seine Poesie – die Poesie stand an erster Stelle und überflügelte seine Anarchie.

Doch er war kein bloßer Raufbold. Er war der einzige Mensch, der den Mut hatte, den Kampf auszufechten, den wir, wir selbst, gegen die Gesellschaft ausfechten müßten – den ewigen individuellen Kampf.

So müssen auch manche seiner Urteile im Licht seiner endgültigen Absicht gesehen werden. Indem er Menschen und Dinge verdammte, behauptete er nur den Geist seiner Unabhängigkeit von allem vorangegangenen Denken. Sein Anspruch auf eine solche Haltung fand seine Berechtigung in der absoluten Originalität seines Werks.

Bei Lawrence gibt es zwei Arten des Mitleids: Eine ist der Wahrheit untergeordnet, die andere verläuft parallel zur Wahrheit.

Es fehlt ihm anscheinend am Mitleid für den

grauen, müden Stadtmenschen, den Sonnenlosen in ›Sonne‹, und für Lady Chatterleys Ehemann, der im Krieg zum Krüppel wurde. Doch es ging ihm hier nicht um Mitleid; das wurde der Wahrheit untergeordnet. In den Werken anderer Schriftsteller wird der betrogene Ehemann hassenswert dargestellt, so daß der Leser sich mit seinem Gefühl unbeschwert mit den Liebenden identifizieren kann. So wollte Lawrence es nicht, denn so ist es nicht. Die Gefühle müssen insgesamt geteilt sein. Selbst in einer Liebe gibt es geteilte Gefühle; selbst in einer Wahrheit gibt es eine geteilte zweifache Wahrheit. Die beiden Männer in »England, mein England!« sind beide auf so bedrückende Weise im Recht, auf so bedrückende Weise bemitleidenswert, der eine so verantwortungsvoll, der andere so verantwortungslos, und beide sind gleichermaßen notwendig, beide schädlich, beide bewundernswert. Lawrence wägt niemals ab. Poesie und nackte Wahrheit existieren nebeneinander. Das Mitleid schwankt hin und her, wie auch Ideen und Überzeugungen ins Schwanken geraten.

Ein Wort zu den Einflüssen, da ohne ein solches angeblich keine Studie vollständig ist.

Lawrence hat diese Frage in ›Spiel des Unbewußten‹ auf seine übliche energische Weise selbst entschieden:

»Ich bin kein richtiger Archäologe, bin weder Anthropologe noch Ethnologe. Ich bin überhaupt kein Wissenschaftler oder Gelehrter. Aber ich bin den Wissenschaftlern für ihre solide Arbeit dankbar. Ich habe Hinweise und Anregungen für das, was ich hier sage, in allen möglichen gelehrten Büchern gefunden, von den Yogis und Platon und Johannes dem Evangelisten und den frühgriechischen Philosophen wie Heraklit bis hin zu Fraser und seinem ›Goldenen Zweig‹ und selbst Freud und Frobenius. Selbst dann erinnere ich mich nur an Hinweise – ich gehe intuitiv vor.«

Er fand großes Gefallen an Whitmans Vorstellung der offenen Straße – die das Wesen seiner Botschaft ausmacht. »Die Seele frei sich selbst zu überlassen, sein eigenes Schicksal ihr und der undeutlich sichtbar werdenden offenen Straße zu lassen. Was die tapferste Lehre ist, die der Mensch sich je erteilt hat. Nicht durch Meditation. Nicht durch Fasten. Nicht indem er innerlich einen Himmel nach dem anderen erforscht, nach Art der großen Mystiker. Nicht durch Verzückung. Nicht durch Ekstase. Nicht auf einem dieser Wege findet die Seele zu sich selbst. Nur indem sie die offene Straße einschlägt. Indem die Seele ihr Leben nach dem leibhaftigen Geheimnis der offenen Straße lebt . . .«

Was Lawrence auch immer Hardy und Dostojewski verdankte, er verwandelte und formte es schöpferisch neu. Was ihn auch immer beeinflußte, es diente lediglich dazu, einen Teil seiner eigenen, eigenständigen Welt zu beleuchten.

›Italienische Dämmerung‹

Ein Buch, das für sich betrachtet werden muß, weil es einen Lawrence enthält, der seinem Wesen besonders treu ist. Ein Buch, das sich nicht als ein gewöhnliches Reisebuch lesen läßt, denn Lawrence ist wieder auf der Suche nach dem Kern der Wahrheit, und seine Reise ist ebenso eine philosophische wie eine symbolische und sinnliche Reise. Er ist hier als Schöpfer bei der Arbeit auf seiner Wanderung.

Er beginnt mit einem symbolischen »Kreuzweg«, auf dem er über die verschiedenen Ansichten des Körpers nachsinnt, die den verschiedenen Deutungen verschiedener Menschen entsprechen. Christus am Kreuz wird jedesmal durch die Vision des Bildschnitzers verändert.

»Er ist vornüber gesunken, eben gestorben, und das Gewicht seines mächtigen Körpers hängt an den durch die Hände geschlagenen Nägeln ... Christus ... ist der leibhaftige Tod. Und der Packpferdtreiber erkennt in diesem sterblichen Christus seinen obersten Herrn. Der Alpenbauer lebt in der Furcht, der Furcht vor dem Tod, dem leiblichen Tod. Mehr weiß er nicht. Seine stärkste Empfindung ist leiblicher Schmerz und dessen höchster Grad ...«

Den ganzen Weg entlang hat Lawrence das Gefühl, eine Art *Todesverehrung* zu erleben: »... auch hier fand ich ... den gleichen gleichgültigen Triumph des Todes, des endgültigen verneinenden Todes, der so endgültig war, daß er schon abstrakt wirkte, jenseits allen Zynismus war in der Endgültigkeit des *Abschieds.*«

Ein Christus ist elegant, ansehnlich und kühn. Der Tod ist wichtig, aber elegant muß er sein. Ein anderer Christus ist schwach und gefühlvoll. Hier hat der Schnitzer Selbstmitleid zum Ausdruck gebracht. Anderen Menschen muß Christi Tod mit Effekthascherei und viel Blut nahegebracht werden. Ihnen zuliebe findet der Tod eine gewalttätige Darstellung.

Am Ende ist Lawrence in einem Moment der Trostlosigkeit angelangt, als er sich vor der letzten Christusfigur befindet, denn diese stellt die endgültige Leugnung des Körpers dar, solch eine vollständige Kapitulation vor dem Tod.

»Es war eine der alten, ungeschickten Christusfiguren, die man aus dem Holz herausschnitt, mit langen, keilförmigen Gliedern und flachen Beinen, die für den echten Kruzifixus bezeichnend sind, für den Wunsch, eine Glaubenswahrheit zu verkünden und nicht ein sensationelles Ereignis ... Der nackte Körper lag auf dem nackten, lebendigen Fels ...

Ich fragte mich, wer wohl kommen und das zerbrochene Stück auflesen würde, und mit welcher Absicht.«

Lawrence selbst sollte kommen, um »die andere Hälfte der Wahrheit zu predigen, den im Fleische auferstandenen Christus«. (Siehe das Kapitel »Der religiöse Mensch«.)

In einem Augenblick der Müdigkeit spürt Lawrence auch die ewige Sehnsucht des Dichters, »zu *sein*« anstatt zu werden, den Wunsch nach Bewegungslosigkeit – das Verlangen nach Endgültigkeit.

So bleibt er bewundernd vor einer alten Frau stehen, die spinnt, und er schließt sein Gehirn, bringt die obere

Schicht zum Schweigen und beobachtet sie mit »den offenen Augen der Brust«, wobei er sie mit dem Anschauungsvermögen des Körpers sieht; und so versteht er sie. Dann sinnt er darüber nach, daß *sie sich kennt, doch ohne einen Begriff von sich zu haben*, und er fragt sich, ob wir uns nicht ohne Bewußtsein selbst erkennen können. Aber es ist gerade sein Bewußtsein, das Lawrence dazu bringt, die alte Frau für uns zu erschaffen. Wobei er allerdings in der Stimmung ist, sich von seinem individuellen Bewußtsein auszuruhen.

Beim Sonnenuntergang, an der Grenze zur Nacht, erwacht in Lawrence wieder das Bewußtsein und gibt ihm die Bedeutung seiner Welt in Form von Tag und Nacht – der Tag (der Geist, das Positive, das ewige Sein) und die Nacht (das Blut, das Negative, das ewige Nicht-Sein). Er glaubte an beide, an Tag und Nacht, denn er sah »das Unendliche im Positiven und im Negativen«. Doch mitten in seinen kontemplativen Gedanken bemerkt er »zwei Mönche, die in ihrem Garten zwischen nackten, knorrigen Weinstöcken, in ihrem winterlichen Garten zwischen nackten, knorrigen Weinstöcken und Olivenbäumen auf und ab wandelten«. Diese Mönche und die trübe Dämmerung, in der sie auf und ab wandelten, werden zum Symbol des einzigen Zustands, den Lawrence wirklich verachtet – für das, was weder positiv noch negativ, weder Nacht noch Tag ist.

»Jenseits, über ihnen, lag der zarte, leuchtende Schimmer des Schnees. Sie sahen nie auf. Aber der schimmernde Schnee begann zu glühen, wie sie so gingen, die wundervolle, zarte, ätherische Kurve der langen schneebedeckten Bergkette entbrannte im Abendfeuer gegen den Himmel. Eine andere Welt stieg herauf, die kalte, eigenartige Nacht, sie *dämmerte* mit einem köstlich eisigen Rosa auf den Gipfelreihen am anderen Ufer. Die Mönche wandelten hin und zurück, redeten, beschattet vom ersten abendlichen Dunkel.

Und ich gewahrte den zagen Mond, der sich kaum merklich über den Schnee am blaßblauen Himmel hervorgewagt hatte, eine dünne, zerfaserte Membrane aus Eis, die mit der langsamen Strömung der Nacht herantrieb. Eine Glocke schlug an.

Und immer noch schritten die Mönche hin und zurück, hin und zurück mit dieser kühlen, *gleichmütigen Regelmäßigkeit.*

Die Schatten der Berge im Westen kamen und legten sich über alles. Das Olivengehölz, in dem ich saß, war bereits erloschen. Dies war die Welt der Mönche, der *blasse Rand zwischen Tag und Nacht.* Hier wandelten sie hin und her, hin und zurück, im gleichmütigen schattenlosen Licht des Schattens.

Es erreichte sie weder das flammende Licht des Tages noch die Vollkommenheit der Nacht, sie wandelten auf dem schmalen Pfad des Zwielichts, schritten dahin wie die Gleichmütigkeit des Gesetzes. *Aus ihnen sprach weder das Blut noch der Geist, es sprach nur das Gesetz, die Abstraktion des Gleichmaßes. Das Unendliche ist positiv und negativ. Doch das Gleichmaß ist nur neutral. Und die Mönche trotteten hin und her auf dem Grat der Neutralität.*

Unterdessen entbrannte längs der Bergkette der rosige Schnee, als ginge der Himmel in Blüten auf. *Am Ende sind ewiges Nichtsein und ewiges Sein dasselbe.* Im rosigen Schnee, der oben am Himmel über einer verdunkelten Erde aufglühte, lag die Ekstase der Erfüllung. *Nacht und Tag sind eins, Licht und Dunkel sind eins, beide aus gleichem Ursprung und zu gleichem Ende, beide gleich im Augenblick der Ekstase,* Licht, das im Dunkel schmilzt, und Dunkel, das im Licht schmilzt, wie im rosigen Schnee über der Dämmerung.«

Dieses scheinbare Paradoxon, daß in der abschließenden Analyse das Positive und das Negative zusammenfallen, daß das ewige Nichtsein und das ewige Sein dasselbe sind, sowohl aus gleichem Ursprung stammen und dem gleichen Ende dienen, wie auch zur gleichen *Zeit* existieren, gehörte schon immer zum Allgemeinbesitz aller großen Mystiker, auch wenn es manchmal weniger klar ausgedrückt worden ist. Das gleiche Paradoxon ist auch in den letzten Schlußfolgerungen Einsteins mit den Begriffen der modernen Wissenschaft neu formuliert worden. Es blieb jedoch Lawrence überlassen, der Mystik zu einer Wiedergeburt in solchen Worten zu verhelfen, die sowohl der traditionellen Mystik wie auch den mathematischen Abstraktionen überlegen sind, indem er uns die Einheit in diesem ewigen Paradoxon *durch unsere Sinne* fühlen ließ. Er hat die mystische Erfahrung in Worten von heute neu formuliert.

›Liebende Frauen‹

›Liebende Frauen‹ zeigt erneut ein Wechselspiel von Beziehungen. Birkin ist eine fast direkte Projektion von Lawrences Wesen.

Birkin erscheint auf einer Hochzeit: »Wenn er auch ganz korrekt angezogen war, so lag doch etwas in seinem Wesen, was nicht paßte, und deshalb wirkte seine Erscheinung ein klein bißchen lächerlich. Er war ein kluger Mensch und ging seinen eigenen Weg, für konventionelle Festlichkeiten war er nicht geschaffen. Doch ordnete er sich dem allgemeinen Ton unter und nahm der Gelegenheit zuliebe eine Gestalt an, die die seine nicht war.« An der Tatsache, daß er nicht in die konventionelle Welt paßt, läßt sich ablesen, wie sehr er in eine Welt abstrakter, individueller Werte paßt.

Er »hat keine kritische Urteilskraft, keine Menschenkenntnis«, sagt Gudrun von ihm. Dieser Wesenszug taucht später in Somers in ›Känguruh‹ auf, der sich »unkritisch in Vertraulichkeiten stürzte«. Die kritische Urteilskraft ist eine Hellsichtigkeit des Geistes, die den Impulsen Einhalt gebietet. Birkin muß diese blinden Impulse besitzen, die den »Mißgriff zum Teil des lebendigen Chaos« machen.

Sein Fehler war es, sich Hermione als Geliebte auszusuchen. Das führte zu einer Reaktion, die ihn beinahe daran hinderte, jemals wieder Ordnung in seine Werte zu bringen. Auf Hermione werden wir jedoch später noch näher eingehen.

Von Birkin heißt es: »Er hatte körperlich etwas sehr

Anziehendes – durch seine Hagerkeit und Blässe drang eine seltsame, verborgene Fülle wie eine zweite Stimme, die eine andere Kenntnis von ihm vermittelte. In den Bögen seiner Brauen und des Kinns, den vollen, äußerst feinen Bögen lag die mächtige Schönheit des Lebens selber.«

Er ist oft krank, und er hatte nichts von der wirklichen vollen Körperlichkeit der hellenischen Statue Geralds.

Doch Ursula besitzt bereits diese »andere Kenntnis von ihm«, und sie wird uns vermittelt. Er ist derjenige, der körperlich reich ist, nicht Gerald.

Birkin besitzt auch wie Lawrence eigene Beweglichkeit. Mit dem Privileg der Ausländerin ruft die kleine italienische Contessa auf der Hausparty nicht ganz fehlerfrei, doch bedeutungsvoll aus: »Mr. Birkin, er ist ein Änderer.« Sie hat seinen chamäleonhaften Charakter erkannt. Es gehörte zu den Angewohnheiten des Dichters, Stimmungen und Impulse ernst zu nehmen.

Keine dieser Eigenschaften sind »Qualitäten« normaler Menschen. Bei normalen Menschen würden sie als Makel gelten. Keine von Lawrences Gestalten läßt sich gewissermaßen ohne den Schlüsselbegriff »Künstler« verstehen. Und damit meine ich, daß Lawrence äußerst persönlich vorging und den meisten von ihnen den Charakter von Schöpfern gab, genau wie ich zuvor schon sagte, daß seine Gestalten in extremen Gefühlen den Charakter von Dichtern annahmen. Es ist ein Schlüssel zu seinen Gestalten. Sie spiegeln Bruchstücke von ihm, vor allem den Schöpfer. Als Schöpfer betrachtet, sind ihre Wandelbarkeit, ihre Verwicklungen, ihre Zweifel und Fragen, ihr Suchen und Trachten, ihre Analysen und Gedanken ganz natürlich. Nicht aber, wenn man sie als normale Menschen betrachtet. Liest man sie jedoch als Künstler, so wird alles verständlich. Birkin ist unvereinbar mit der Welt der Konventionen, aber in einer anderen und bedeutenderen Welt ist er lebendig und mächtig. Seine Veränderlichkeit ist das Kennzeichen des Künstlers, der alle Erfahrungen zerlegt und sie später im Augenblick des Schaffens wieder zusammenfügt. Birkins Beweglichkeit läuft auf einen Makel hinaus. Mit Geralds Augen gesehen: »Er besitzt eine junge, unmittelbare Gutheit, die den anderen Mann unendlich anzog und zugleich mit bitterem Kummer erfüllte, weil er ihr sosehr mißtraute. Er wußte, Birkin konnte ohne ihn auskommen – konnte vergessen, ohne zu leiden.« Bei normalen Menschen nennt man das Wankelmut. Beim Künstler ist es einfach der Instinkt, das Wesen von Persönlichkeiten aufzusaugen, und dann mit einer, wie es normalerweise erscheint, seltsamen Gleichgültigkeit weiterzugehen.

Gudrun besitzt das gleiche Temperament. Ursula und Gerald nicht.

Birkin trägt die Bürde des Chaos; er kämpft darum, sich davon zu befreien, aber er ist nicht imstande, das mit den gleichen Mitteln zu erreichen, die andere Menschen anwenden. In seiner Beziehung mit Ursula läßt er sie für den »Kampf mit seiner Seele« leiden. Es ist der unaufhörliche Kampf, den Jack in ›Jack im Buschland‹ und später Somers in ›Känguruh‹ ausfechten: der Kampf um *Umwertungen.* Für Ursula sind Birkins Worte wirre Erklärungen, ganz so wie Somers sie später Harriet gegenüber äußern wird.

Er beginnt sie mit: »Ich weiß nicht.« Dann verliert er sich in irgendwelchen Abstraktionen. Ursula führt seine Sätze auf einfachere und weniger *genaue* Erklärungen seiner Gedanken zurück. Dann wird er entweder wütend oder gibt auf, bis er imstande ist, sie erneut und deutlicher zu formulieren. Ihm ist das Sichtbare weniger wichtig als das Unsichtbare, das Unbekannte, das Unausgesprochene.

Es ist kein Kampf zwischen ihm und Ursula, sondern ein Kampf um Umwertungen. »Sie und ich«, sagt Birkin, »wir wollen mit dem Anfang anfangen, ohne übereilte Schlüsse zu ziehen.« Und er beginnt die langsame, umständliche Reise: »Was sind Sie? Was bin ich? Was ist Liebe? Was ist der Mittelpunkt unseres Lebens?«

Armer Birkin. Er unternimmt viele Anstrengungen. Jedesmal, wenn er mit Ursula über seine Idee der Liebe oder Nicht-Liebe spricht, fragt sie ihn am Ende, ob er sie nicht ganz einfach und direkt liebe, und so beginnt er von neuem: »Was ich will, ist eine ganz ungewöhnliche Verbindung mit Ihnen – kein Vereinigen und kein Vermischen, sondern ein Schweben im Gleichgewicht, zwei einzelne Wesen, die sich gegenseitig in reiner Schwebe halten – wie die Sterne.«

»Warum die Sterne bemühen«, sagt Ursula.

Birkin: »Adam hielt Eva fest im sicheren Paradies, solange sie mit ihm allein blieb. Da hielt er sie wie einen Stern in seiner Bahn.«

Ursula: »Da haben wir es – ein Stern in seiner Bahn

– Sie sind der Stern – und Sie wollen einen Trabanten – und das soll *sie* sein! Da – ja – Sie haben sich verraten! Sie wollen einen Trabanten – Mars mit seinem Trabanten – das haben Sie gesagt – und damit haben Sie sich erledigt!«

In ›Liebende Frauen‹ bedient sich Lawrence einer Methode, die er später auch in ›Känguruh‹ anwenden sollte. Er hat seinen Birkin (wie später Somers) geschaffen, der die Last von Lawrences Ernsthaftigkeit, seiner fast lächerlichen (wie sie Ursula vorkommen) übersteigerten Erregungen trägt. Und gleichzeitig hat Lawrence auch die Gestalten geschaffen, die Birkin Paroli bieten, die die andere Seite des Falles darlegen, die ihn lächerlich machen und die ihn ins Unrecht setzen.

Gudrun sagt: »Dabei gibt es so viele Dinge im Leben, die er einfach nicht kennt. Entweder nimmt er ihr Vorhandensein überhaupt nicht wahr, oder er tut sie als nebensächlich ab – Dinge, die dem anderen Menschen lebenswichtig sind. In gewisser Weise ist er nicht klug genug, stellenweise ist er zu stark gefühlsbewegt.«

Hermione sagt: »Zuzeiten lebt er ein ganz intensives geistiges Leben, über die Maßen wundervoll. Und dann kommen die Reaktionen. Die blindwütigen Reaktionen zwischen animalischem Leben und geistigen Wahrheiten . . .«

Bemerkenswert ist die mutige Wahrhaftigkeit von Lawrence: Er beschreibt beide Seiten des Falles, sucht fragend danach, wer recht hat, obwohl es doch so klar ist, daß er Birkin und auch Somers in ›Känguruh‹ ist. Wie stark er sich auch persönlich in seinen Büchern darstellt, ist er doch vor allem Künstler, da er selbst von seinen leidenschaftlichsten Gefühlen und Überzeugungen Abstand nehmen und sie kritisch betrachten kann.

Hermione glaubte von sich, für die geistige Wahrheit zu stehen. Lawrence geht hart mit Hermione ins Gericht, weil sie zu den modernen Menschen gehört, die Wärme mit dem Verstand erzwingen wollen. Birkin geht hart mit ihr ins Gericht.

»Deine Leidenschaft ist Lüge. Nicht Leidenschaft, nein, nur dein Wille. Dein herrischer Wille. Du willst die Dinge an dich raffen und in deiner Gewalt haben ... du hast gar keinen richtigen Körper, keinen dunkel sinnlichen Körper des Lebens ... nur deine Gier nach *Wissen.*«

Hermione verfügt nur über *Wissen*, und aufgrund dieses Wissens hält sie sich für vollendet. Das Schreckliche in Hermione ist ihre innere Leere, ihre fehlende Mitte. Wissen ist äußerlich, wie ein Kleid, das sie trägt. Doch sie ist unschöpferisch, nicht allein in der Kunst, sondern im Lebendigsein. Ihre Liebe zu Birkin ist bloß ein Verlangen nach Wissen, und Wissen ist für sie Macht.

Sie kommt in sein Zimmer, wo er gerade eine chinesische Zeichnung kopiert, die Gänse darstellt.

»›Aber warum kopierst du sie?‹ sagte sie, ›warum machst du nichts Eigenes?‹

›Ich will es kennenlernen‹, erwiderte er. ›Wenn man dieses Bild kopiert, erfährt man mehr über China als aus allen Büchern.‹

›Und was erfährst du?‹ Sie war sofort auf dem Posten, sie legte gleichsam Hand an ihn, um ihm sein Geheimnis zu entreißen. Sie mußte es wissen. Sie unterlag wie besessen einem furchtbaren Zwang, alles zu wissen, was er wußte ...«

Birkin wendet sich Ursula zu, die weich, von blühender Üppigkeit und durch und durch Frau ist und in ihrem warmen Lebendigsein empfindsame Erwartungen und eine gewisse Unabhängigkeit besitzt.

Ursula geht auf Birkins Ideen humorvoll, aber durchaus freundlich ein. Im Laufe der Gespräche, während sie Worte wechseln, werden die Ideen bloß immer verworrener. Ursula kann mit Worten nichts anfangen. So geschieht es schließlich in einem Augenblick, da sie sich den »dunklen Göttern« ergeben, daß sie sich vereinigen, mehr oder weniger unter Mißachtung von Birkins Ideen. Und sein letztes Gespräch offenbart seine Vielschichtigkeit: »Ich wollte auch seine (Geralds) Liebe.«

»Aber du kannst nicht zwei Arten von Liebe haben«, sagt Ursula.

»Das glaube ich nicht«, antwortet er.

Gudrun und Gerald – Loerke

Gerald hat »nordisch helle Haut ... glitzernde Schönheit, Männlichkeit, die an einen jungen, muntren, lächelnden Wolf gemahnt«. Er ist »blond, sonnengebräunt, gut gewachsen«.

Er ist »Soldat und Entdeckungsreisender und ein Industrie-Napoleon«.

Er besitzt eine Menge »Schwung«, doch wie Gudrun bemerkt, schwingt er sich mit seinem »Schwung« nur dazu auf, die neuesten »Errungenschaften zu erringen«.

Er ist ganz auf die Außenwelt bedacht: Er hat ein Gefühl für Klasse. Und wofür lebt er? »Um etwas Greifbares zu erzeugen.«

Birkin fragt ihn: »Was ist denn der Mittelpunkt deines Lebens?«

»Soviel ich sehen kann, hat es überhaupt keinen Mittelpunkt. Es wird künstlich zusammengehalten durch das Gefüge der Gesellschaft.«

Er hat zwar Geliebte gehabt, aber niemals wirklich geliebt. Birkin gibt ihm zu verstehen, daß die Liebe *einer* der Mittelpunkte des Lebens sein könnte. Das geschieht, bevor er selbst Ursula gefunden hat. Gerald hat da starke Zweifel.

Als Gerald seine Araberstute bändigt, beherrscht er sie mit schierer Brutalität und körperlicher Gewalt – mit nichts anderem. Als Birkin in einer seiner Tiraden sagt, die Welt sei voll von sehr netten, sehr rosigen, gesunden jungen Männern, die aber »innerlich alle voller Asche sind«, gilt das auch für Gerald. Und wieso? Weil er innerlich von einer gewissen Begrenztheit, einer seltsamen Leere ist. Sein ganzer Reichtum ist äußerlich. Das fühlt er manchmal auch. »Er überlegte, was er tun könnte, um sich aus diesem Elend des Nichts zu retten, den Druck seiner Hohlheit zu lindern . . . es blieb ihm nichts übrig, als den Druck seiner Hohlheit auszuhalten . . .«

In solchen Momenten bedeutet Birkin ihm sehr viel. Ihm gefällt Birkins reiche Fülle – wenn es im Augenblick auch eine Fülle von Zweifeln, Qualen, Bedenken und Fragen ist, so ist es doch eine Fülle. In ihm findet er den notwendigen *Widerstand*, der die Grundlage von Beziehungen ist. Ihr Ringkampf ist in hohem Maße symbolisch. Birkin ist viel stärker, als Gerald erwartet hatte. Sie erkennen ihre Stärke, ihre Präsenz am Widerstand des jeweils anderen – so wie wir unsere eigene Stärke erkennen, wenn wir sie gegen ein Hindernis aufbieten. Der körperliche Kampf bereitet Freude. Er hat auch noch eine weitere Bedeutung. Sie verbinden sich in ihm körperlich – Birkin erfreut sich an Geralds Schönheit. »Wir sollten uns an allem freuen«, sagt er.

Langsam kehrt der Gedanke an Ursula zu Birkin zurück. Und dann reden beide über ihr höchstes Verlangen – Erfüllung zu finden in einer Frau.

Was fällt Gerald als erstes an Gudrun auf? Als sie sich am gemeinsamen Schwimmen in Hermiones Haus nicht beteiligt, macht sie eine eigensinnige, individualistische Bemerkung: »Ich gehe nicht schwimmen, weil ich die Menschenmenge nicht mag.«

»Ob er wollte oder nicht, sie bedeutete für ihn die wirkliche Welt. Er wollte sich zu dem aufschwingen, was sie für gut hielt, und ihre Erwartungen erfüllen. Er wußte, daß ihr Maßstab der einzige war, auf den es ankam. Die andern Menschen waren alle ausgeschlossen, ganz instinktiv, was immer sie auch gesellschaftlich darstellten. Und es half nichts, Gerald mußte sich Mühe geben, ihrem Maßstab zu genügen und ihr die Erfüllung ihres männlichen und menschlichen Ideals zu sein.«

Er macht große Zugeständnisse, das erste hinsichtlich der Klasse. Gudrun ist Bildhauerin und Kunstlehrerin. Sie ist außerdem schön, von weicher Haut und weichen Gliedern, selbstsicher, reizend, ironisch. Zu Beginn des Romans ist sie unzufrieden, weil »nichts mehr wirklich Gestalt annimmt«.

Vom allerersten Augenblick jedoch »begreift sie Gerald körperlich«. Seine körperliche Gegenwart überwältigt sie, lange bevor sie dessen völlig gewahr wird und lange bevor sie in seiner bewußten Welt deutlich Gestalt angenommen hat. So entsteht ein körperlicher Strom. »Sie sah ihn mit den schönen blauen Augen an und sprach ... unmittelbar zu seinem Gemüt ...« Und von dem Moment herrscht zwischen ihnen ein gegenseitiges Verstehen.

Aber Gerald kommt erst ganz zu ihr, als der Tod seines Vaters ihn blind aus sich selbst heraustreibt. Es gibt keine echte Liebe zwischen ihnen. Wenn Lawrence gemeint hätte, daß wir uns mit einer »unbeseelten Sinnlichkeit« begnügen sollten, dann müßte die Beziehung zwischen Gudrun und Gerald ganz vollkommen gewesen sein.

»Er war nicht wie ein Mann für sie, er war eine Verkörperung, ein großer Ausdruck des Lebens ... Und sie wußte, es half alles nichts, sie würde nie über ihn hinausreichen, er war für sie die wahre Berührung mit dem Leben.«

Indes sollte Gudrun sehr wohl über Gerald hinausreichen, über die rein körperliche Liebe hinaus und zu Loerke finden.

Ursula und Birkin sind jetzt verheiratet. Gudrun

will ebensowenig heiraten wie Gerald. Sie fahren zu viert nach Tirol in den Urlaub.

Birkin geht jetzt gelöst in seiner Liebe zu Ursula auf. Aber es ist keine absolute Lösung. Es ist nicht die endgültige, befriedigende Beziehung. Was nämlich seine Ideen angeht, ist Birkin in gewisser Weise besiegt, auch wenn er sehr glücklich ist und Ursula zutiefst liebt. So überläßt ihn Lawrence nun seiner halben Lösung und schlüpft selbst in die Rolle Loerkes.

Loerke ist Künstler, er ist Bildhauer. Er und Gudrun reden über ihre Arbeit und Kunst. »Sie spielten ein sonderbares Spiel miteinander, Gudrun und Loerke, mit unendlich andeutungsreichen Worten und seltsamen äugenden Blicken, als hätten sie eine esoterische Einsicht ins Leben, als wären sie allein eingeweiht in die furchtbaren innersten Geheimnisse, die die Welt nicht zu erkennen wagte. Ihr Umgang war ein seltsames, kaum verständliches Geplänkel mit Andeutungen ...

Gudrun fühlte sich merkwürdig gehoben und frei bei solchen Gesprächen.«

Hingegen sieht Gerald unterdessen in Loerke nur einen mickrigen, reizlosen Ausländer, und er kann nicht verstehen, was Gudrun dazu bringt, sich für ihn zu interessieren. Er besitzt keine der körperlichen Vorzüge Geralds, nichts von seiner körperlichen Vornehmheit, seinem Stolz, seinem herrischen Wesen.

Aber Loerke fand bei Gudrun »Einlaß mit der feinen, behutsamen Klinge seines insektenhaften Verständnisses«.

Gerald ist in alle *äußeren* Orte von Gudruns Seele

eingedrungen. Gerald stellt die Welt des Mannes dar – die Außenwelt. In Gudrun bleibt aber, wie in der Prinzessin der gleichnamigen Erzählung, ein unberührter Kern, ein noch nicht befriedigtes Etwas. Sie und Loerke waren geistig auf die gleiche Tätigkeit eingestellt: Sie waren beide Künstler, und sie lebten außerhalb der normalen Maßstäbe und gewöhnlichen Wünsche. Loerke läßt Gudruns Schönheit fast außer acht, wie auch Birkin Ursulas Schönheit fast außer acht gelassen hatte. »Sie sind schön, und ich freue mich darüber. Aber das ist es nicht ... Sie haben Geist, es ist die Art, wie Sie mich verstehen ... das Ich wartet auf sein Du, auf den Geist, der zu seiner Geistesart paßt.«

Sie sind beide Nonkonformisten.

Wenn sie gemeinsam Ausflüge machen, »lachten, stichelten, witzelten, phantasierten sie ohne Ende in allen möglichen Sprachen. Die Phantasien waren ihnen das Wirkliche, glückselig warfen sie mit ihren Wortwitzen und Wortcapriccios um sich wie mit bunten Bällchen. Ihre Naturen funkelten einander zu, ganz Spiel, sie genossen es unendlich ...«

Gudrun und Gerald lieben einander nicht, und doch will Gerald seinen Anspruch nicht aufgeben, sie körperlich zu besitzen.

Er findet Gudrun und Loerke in den Bergen im Schnee und wird gegen beide gewalttätig, denn er möchte sie blindlings umbringen, und so läßt er Gudrun halb erdrosselt auf den Knien und Loerke zu Boden geworfen zurück. Er geht völlig benommen davon, geht immer weiter, bis er erschöpft ist, in den Schnee fällt und stirbt. So ist es Gerald, der stirbt, und nicht Loerke. Es ist die »unbeseelte Sinnlichkeit«, die stirbt. Es ist dennoch gesagt worden, daß Lawrence uns in ›Liebende Frauen‹ zur unbeseelten Sinnlichkeit und Auflösung gedrängt habe.

In diesem Zusammenhang wie auch in anderen Büchern von Auflösung zu sprechen erscheint auf den ersten Blick verwirrend, als ein Widerspruch zu Lawrences schöpferischer Kraft.

Im Geiste glauben Gudrun und Loerke beide: »... es gab nur noch die innere Dunkelheit des Individuums, das im Ich eingesperrte Gefühl, das obszön-religiöse Mysterium endgültiger Zersetzung, die mystischen Reibungsvorgänge der teuflischen Zerlegung, die die lebendige organische Form des Lebens auflöst ...«

Die Empfindung des Verfalls taucht häufig in Lawrences Gestalten auf. Birkin hat seinen Bohème-Freunden einen Brief geschrieben, über den sie sich lustig machen. »Und in dem großen Rückwärtsschreiten, der Rückwandlung der erschaffenen lebendigen Form, gewinnen wir Erkenntnis, und über die Erkenntnis hinaus die schillernde Ekstase geschärfter Empfindungen ...«

Es ist genau das, was er in seinen Gedichten ausdrückt. Der Mensch geht durch Phasen des Lebendigseins und durch Phasen des Todes. Das ist Teil der immerwährenden Erneuerung und des Werdens. Es ist eine *transzendente Erfahrung*, die symbolisch ist für die Kontinuität unseres Lebens; wir werden geboren und sterben, werden geboren und sterben, und das so oft, wie wir die Vitalität besitzen, neugeboren zu werden; und diese Bewegung beschränkt sich nicht auf die

Stunden zwischen unserer körperlichen Geburt und unserem körperlichen Tod. Es ist vielmehr eine innere Evolution von Geist und Seele, die Evolution des Universums, wie sie sich im Kleinen an unseren Seelen ablesen läßt.

Von den Wissenschaftlern und Philosophen, die alle bekannten Tatsachen über das Leben des Menschen, über die Erde, die Sterne und Planeten und ihre Gesetze zusammengetragen haben, haben wir gehört, daß Geburt, Leben, Auflösung und Erneuerung den Kreislauf des Universums ausmachen. Aber sie haben aus sich *heraus* in die Welt geschaut; hätten sie in sich *hinein*geschaut, hätten sie die gleichen Kreisläufe erblickt wie Lawrence. Lawrence interessierte sich nicht für den Kosmos, und es ist falsch, seine Bücher als große kosmische Allegorien zu lesen. Er interessierte sich nicht für Gott im abstrakten Sinne, sondern für die Götter, die in Somers' Körper wohnten (in ›Känguruh‹) und die sein persönlicher, individueller Besitz waren. Deshalb beschränkte Lawrence sein Universum strikt auf das, was er in sich selbst fühlte und erlebte; doch genau weil er sich mit äußerster Intensität auf seine eigene Person beschränkt, ist dieses kleine Universum ebenso welthaltig und vollständig wie jedes von kosmischen Geistern ersonnene. In den Grenzen seines persönlichen Universums entdeckte er also mittels innerlicher Kontemplation den persönlich erfahrenen Kreislauf von Geburt, Leben, Auflösung und Erneuerung.

Lawrences Erfahrung der Auflösung der Seele und deren Bedeutung für ihn fanden ihren Niederschlag auch in seinem Essay über Edgar Allen Poe. »Poe war zu einem ganz schön bitteren Los verdammt. Dazu verdammt, seine Seele in starken fortwährenden Zukkungen der Auflösung einzudampfen, und dazu verdammt, den Prozeß zu registrieren. Und dann dazu verdammt, dafür geschmäht zu werden, nachdem er einige der bittersten Aufgaben der menschlichen Erfahrung, die von einem Menschen verlangt werden können, ausgeführt hatte. Notwendige Aufgaben noch dazu. *Denn die menschliche Seele muß ihre eigene Auflösung erleiden, bewußt erleiden, wenn sie jemals überleben will.«*

›Spiel des Unbewußten‹

So wie Lawrence in den ›Studien zur klassischen amerikanischen Literatur‹ seine ganze individuelle Philosophie in die Literaturkritik einbrachte, mußte er uns bei der Erörterung der Psychologie eine persönliche Interpretation liefern. In seinen Romanen werden keinerlei psychologische Formeln oder Rezepte angewandt; es wird vielmehr versucht, deren Grenzen zu überschreiten. »Gebote sollten so welken wie Blumen ...« Formeln sollten dem Unerwarteten, »den schöpferischen Kräften und Trieben der Menschen« weiten Spielraum geben.

Bei der Behandlung der psychologischen Abstraktionen mußte Lawrence auch auf eine lebenswichtige Wahrheit stoßen.

Er brachte den Protest der individuellen Phantasie gegen automatische Schlußfolgerungen zum Ausdruck – gegen automatisches Schubladendenken.

Er brachte das instinktive Gefühl zum Ausdruck, daß es eine Zeit für Klarheit gebe, die äußerste Klarheit, aber auch eine Zuflucht aus der Klarheit in seine bevorzugte »Dunkelheit«, das noch nicht offenbarte, das noch *lebende Mysterium.*

Die Wissenschaft, meinte er, laufe Gefahr, dem Bewußtsein eine Massen-Bedeutung zu geben. Das würde das Unbewußte zu einem weiteren Massenerzeugnis machen, das überall erhältlich wäre und das jeder auswendig lernen könnte. Und somit gäbe es wieder kein Entkommen. *Es würde Formeln geben, an die sich die einzelnen Menschen halten würden, bis die Formeln sich erschöpft hätten, anstatt daß die einzelnen Menschen sich ihre jeweils eigenen lebenden Formeln schüfen* – ein jeder für sich, den Göttern gleich, die sich vervielfachten, so daß es genügend Götter geben konnte, um jeden Menschen zufriedenzustellen.

Religion und Idealismus hatten gesagt: Tu dies oder jenes, denn es entspricht dem höchsten Lebensbegriff, den wir kennen.

Lawrence fürchtete, daß die Psychologie bald sagen würde: Einhundert Fälle haben erwiesen, daß der Grund, warum du dies oder jenes tust, unter so und so eine Kategorie fällt und solch eine Behandlung erfordert. So steht es im Katalog.

Mit seiner üblichen guten Witterung spürte Lawrence erneut, daß hier wieder der Verstand, der geschickte Jongleur, geschickt am Werke war.

Das ist ein Beispiel für Lawrences Methode, mit Vernunft wider die Vernunft zu streiten. So schreibt er etwa: »Die Psyche verführt genauso zu automatisch-logischen Schlußfolgerungen wie der Geist.« Soviel zu den Tatsachen.

Doch Lawrence räumt ein, daß die Seele Entsetzen vor dem *Automatismus* empfindet.

»Solange die Seele wirklich lebt, empfindet sie ihre tiefste Furcht vielleicht vor dem Automatismus. Denn Automatismus im Leben ist die Vorwegnahme des Todesprozesses.«

Angenommen, die Psychologie behauptet, ein bestimmter Inzesttraum sei eine Wunscherfüllung. Lawrence dazu: »Ein Inzesttraum würde kein Inzestverlangen in der lebenden Psyche beweisen. Vielmehr das Gegenteil, eine lebendige Furcht vor der automatischen Schlußfolgerung: die gerechtfertigte Furcht der Seele vor dem Automatismus. Was nämlich dem automatischen Prozeß angenehm und geläufig ist, ist der *spontanen Seele* verhaßt.«

So gibt uns Lawrence eine spontane Seele zurück, die sich sogar selbst von gewissen psychologischen automatisch-logischen Schlußfolgerungen befreien kann.

›Känguruh‹

In ›Känguruh‹ stößt man ganz unvermutet auf einen unverfälschten Lawrence. Es liegt vielleicht am Pessimismus und der Depression jener Zeit, die durch den Krieg verursacht wurden, daß seine Erfindungsgabe hier weniger in Erscheinung tritt. In anderen Büchern mischten sich Erfindung und Wirklichkeit immer. Doch in ›Känguruh‹ projizierte sich Lawrence in Somers – stärker als er sich in Birkin projizierte und stärker noch als später in Mellors.

Da ist zuallererst die körperliche Konstitution: Somers wurde bei der Musterung für untauglich erklärt. »›Sollen sie mich doch als untauglich abstempeln‹, sagte er sich. ›Ich weiß, daß mein Körper auf seine Weise zerbrechlich ist, aber er ist auch sehr stark, und es ist der einzige Körper, der mein besonderes Ich tragen wollte.‹«

»Somers . . . sah einfach aus wie irgend so ein ausländischer kleiner Kerl – aber wie ein Gentleman. Der Hauptunterschied lag darin, daß alles an ihm feinfühlig aussah, sein Körper, sogar seine Kleidung, seine Füße, selbst seine braunen Schuhe waren ebenso feinfühlig wie sein Gesicht.«

Das steht im Gegensatz zu Jack, der »körperlich stark und unempfindlich erschien, nur sein Gesicht war verletzlich. Seine Füße hätten durch und durch aus Leder gemacht sein können, so wie sie mit gefühllosem Trampeln aufstapften. Somers hingegen setzte seine Füße vorsichtig auf, als hätten sie ein Eigenleben, und achtete auf jeden Schritt, der eine Berührung mit der Erde war.«

In Somers' Reden ist Lawrence zu hören: »Wenn Somers redete und erzählte, war das faszinierend, und sein quickes, bewegliches Gesicht veränderte sich und schien voller Magie. Vielleicht war es schwer, einen eindeutigen Somers zu orten, überhaupt irgendeinen individuellen Menschen in diesem lebhaften Hin und Her des Gedankenaustauschs auszumachen. Der Mann selbst schien in der strahlenden Aura seines flinken Bewußtseins verlorengegangen zu sein.«

Lawrence hatte vielen seiner Gestalten seine eigenen Gedanken und Gefühle gegeben, sie aber mit anderen vermischt. Bei Somers ist wenig verändert worden. Unbewußt ist der Autor fast völlig in ihn aufgegangen.

Somers besaß die gleiche »sauvagerie« in Sachen Nachbarschaft wie Lawrence: »Gewöhnlich war es immer das gleiche. Anfangs hielt er sich reserviert, dann ließ er sich allmählich miteinbeziehen, und dann zog er sich mit Abscheu zurück.«

Und hier findet sich endlich auch eine sehr deutliche Aussage darüber, was das Problem der »Klasse« für Lawrence bedeutet. Nach der Ankunft von Harriet und Richard Somers in dem neuen Land Australien hat sich die Geschichte weiterentwickelt zu dem nachbarschaftlichen Verhältnis mit Jack und Victoria Callcott. Zwischen den beiden Paaren besteht ein Unterschied, der schwer zu analysieren ist. Sie trinken zum erstenmal Tee miteinander.

»Somers war selbst ein Mann des Volkes, und er besaß den wachen Instinkt des gewöhnlichen Volkes, das instinktive Wissen, was sein Nachbar wollte und dachte, und das instinktive Bedürfnis, darauf zu antworten. In den anderen Klassen besteht zwischen Mensch und Mensch eine ganz bestimmte Kluft, und über diese Kluft dringt nur das, was auch hinübergelangen soll (das nennen wir Takt). Aber im gewöhnlichen Volk... gibt es diese Kluft nicht. Die Verständigung geht schweigsam und unwillkürlich vor sich, Spruch und Widerspruch fließen wie Wellen von einem zum andern, und jeder weiß Bescheid, wenn es ihm nicht gerade an der Sprache fehlt.« (Das ist die Aufrichtigkeit von Menschen, die sprachlich nicht genügend bewandert sind, um sich mit der Sprache zu maskieren.)

»Und was die beiden Männer anging: Somers war anscheinend ein Gentleman, und Jack wollte kein Gentleman sein. Somers war anscheinend ein echter Gentleman. Und doch erkannte Jack in ihm sofort den intuitiven Widerhall, den es normalerweise nur zwischen Angehörigen ein und derselben Klasse gibt: im gewöhnlichen Volk... Denn eines hatte Somers behalten, und darüber verfügte er in hohem Maße – die Kraft der intuitiven Verständigung mit anderen. Sosehr er sich auch wünschte, allein zu sein, sich von dem verdrießlichen Zwang zur Einmütigkeit mit aller Welt fernzuhalten, hatte er sich doch nie dazu entschlossen, diese Kraft der intuitiven Reaktion aufzugeben...«

In seiner ›Autobiographischen Skizze‹ hat Lawrence allerdings gesagt, er habe aus folgendem Grunde gelitten: »Ich kann nicht aus meiner Klasse in die Klasse des Mittelstands umsteigen.«

Trotz der Freundlichkeit der Menschen, seines angeborenen Adels, trotz seiner Gefühle für seine eigene Klasse und der Verständigung, ergibt sich eine gewisse Isolation. Doch die ist nicht klassenbedingt. »Warum gibt es so wenig Kontakt zwischen mir und den Menschen, die ich kenne? Warum ist der Kontakt nicht von lebenswichtiger Bedeutung?«

Er schiebt das alles auf die Einteilung in Klassen und sich selbst, doch so verhält es sich in Wirklichkeit nicht. Er läßt sich von den übermäßigen Klassenunterschieden in England in die Irre führen, die wahllos eine echte Schranke zwischen den Menschen bilden. Aber es ist leicht zu erkennen, daß er isoliert ist, weil er einfach ein Individualist und schöpferischer Charakter ist. Solch ein Mensch empfindet selbst in den europäischen Ländern, wo es keine Klassenunterschiede für Künstler gibt, immer noch Isolation. In den romanischen Ländern genießt der Künstler Anerkennung über alle Klassenschranken hinweg. Nicht so in England. Aber Lawrence wäre auch in jedem anderen Land für sich geblieben. Er gehörte keiner Klasse an. Er war auf einzigartige Weise er selbst. Er wußte es nicht, doch *er schuf eine eigene Klasse für sich*, für andere, die ihm in etwa ähnelten.

Lawrence bleibt auch weiterhin so lebendig er selbst in Somers, daß er auf ihn sogar seine eigenen Einwände gegen sich selbst überträgt, seine Eingeständnisse von Fehlern oder Unentschlossenheiten. Es ist Harriet, die zum Sprachrohr der Kritik an Lawrence wird. Durch sie bringt er die andere Seite der Medaille zum Ausdruck, *die Seite, mit der er oft übereinstimmt und*

Partei gegen sich selbst ergreift. Er ist immer der Wahrheit verpflichtet. »›Ich bin ein Narr‹, sagte Somers, was die häufigste Entdeckung war, die er je gemacht hatte. Mit ihr stellte sich außerdem jedesmal ein neuer Schock der Überraschung und des Kummers ein. Jedesmal, wenn er eine neue Bergkette erklomm und hinüberschaute, erblickte er drüben nicht nur eine neue Welt, sondern im voraus auch einen Narren auf dieser Seite, nämlich sich selbst.«

Er ist selbstverständlich verpflichtet, das zu sagen, weil er sein ganzes Ich unverhüllt und ohne große Abstriche in seinen Roman eingebracht hat. Wenn er seine sämtlichen Stimmungen und Launen ausdrücken soll, wird es darunter auch solche geben, die zwingend zu verdammen sind. Doch ob nun verdammenswert oder nicht, sind diese Stimmungen doch alle spontan und interessant, und ›Känguruh‹ hat seinen Wert.

›Känguruh‹ beginnt zunächst mit wenig Elan. Ehe Lawrence sich nach der Erfahrung des Krieges wieder an die schöpferische Arbeit macht, trifft er seine eigenen buchstäblich prosaischen Vorbereitungen, die eine Art von wehmütigem Tatsachenbericht ergeben. Deshalb beginnt ›Känguruh‹ ruhig und unverwandelt. Bedrückt vom Krieg macht Lawrence Inventur, unverwundert, unerstaunt. Es besteht ein großer Unterschied zwischen seiner ersten Schilderung Australiens und den späteren Beschreibungen in ›Jack im Buschland‹, wo die Begeisterung wieder volle Fahrt gewinnt.

Das staunende Wundern hat sich vorübergehend gelegt. Die Beschreibungen bestehen weitgehend aus Aufzählungen. Cottages, das Meer, Geschäfte, Ereignisse, Nachbarn. Das erinnert an eine ganze Gruppe von Autoren, die die bloße Bestandsaufnahme des Universums für wirkliche Literatur halten.

Lawrence empfindet ganz eindeutig ein Gefühl der Freiheit. Doch diese Freiheit hat eine Leere an sich. Er befindet sich im unerleuchteten Chaos. Er sagt es selbst: »Der arme Richard Lovat quälte sich zu Tode im Kampf mit dem Problem, das er selbst war und das er Australien nannte.«

Und weil er konfliktversessen ist, findet er »die erlangte Freiheit hoffnungslos uninteressant«.

»Der Mangel an innerem Sinn«, der in Australien herrscht, herrscht zu diesem Zeitpunkt auch in einem pessimistischen Lawrence.

In eben dem Augenblick greifen die Ereignisse nach ihm; ihm wird die Beteiligung an ziemlich wichtigen Aktivitäten in einer revolutionären Bewegung angeboten, und man erwartet von ihm Begeisterung. »Aber leider war es einfach zu spät. Somers hatte irgendwie das seltsame Gefühl, ans Ende der Verzückungen gekommen zu sein; sie besaßen für ihn kein Geheimnis mehr, jedenfalls nicht in diesem Fall, oder vielleicht keinen Zauber mehr. Diese oder jene Seifenblase war in seinem Innern zerplatzt. Sein ganzer Körper wollte mit all seinen Fasern hinübergehen und das andere große Wesen (den politischen Führer Känguruh) berühren und zu einem Sturm, einer Reaktion bewegen. Doch seine Seele wollte nicht. Die bunte Seifenblase war zerplatzt.«

Doch das ist nicht wörtlich zu nehmen. Wie bereits erwähnt, überließ sich Lawrence immer der Erfahrung;

sein schöpferisches Wesen trieb ihn dazu. Hier hat es den *Anschein*, als halte er sich zurück. Man wirft ihm auch vor, sich zurückzuhalten. Er macht die Erfahrung der Revolution nicht gemeinsam mit Känguruh durch. Doch auch das ist nicht wörtlich zu nehmen. *Was heißt es, eine Erfahrung durchmachen*? Manchmal heißt das, sie aktiv auszuleben, aber *manchmal heißt es auch, sich ihr zu verweigern.* Das ist eine Form der Erfahrung. Lawrence nimmt zwar nicht an der Revolution teil, doch er nimmt an einem schrecklichen Kampf mit sich selbst teil. Die echte Erfahrung war hier die Entscheidung, ob er sich Känguruh anschließen sollte oder nicht. Sich zurückzuhalten und die Erfahrung absterben und unbeachtet zu lassen – dabei geht es nur um eines. Doch sich wegen einer tiefer gehenden inneren Revolution zurückzuhalten bedeutet, sich einer Erfahrung zugunsten einer anderen von größerer Bedeutung zu verweigern – und dabei geht es um alles. Lawrence hält sich von der Revolution fern, löst aber eine andere *blutige Revolution in seinem Innern aus.*

›Känguruh‹ ist das Tagebuch dieses Kampfes. Deshalb sagt er später: »Kapitel folgt auf Kapitel, und nichts passiert. Doch der Mensch ist ein Gedankenabenteurer, und seine Stürze in die Charybdis heilsamer Salbung und seine Schiffbrüche auf den Felsen des christlichen Glaubens und seine Küsse hinweg über Klüfte und seine Silhouette auf einem Minarett sind gewiß ebenso packend wie die meisten Dinge der Wirklichkeit.«

Packender als die Revolution. »Somers schwieg stark beeindruckt (von Känguruh, dem Führer), wenn auch sein Herz schwer war. Warum war sein Herz so schwer? Politik – Verschwörung – politische Macht; das war ihm alles so fremd. Irgendwie hatte er in seiner Seele immer etwas ganz anderes gemeint, wenn er an gemeinsames Handeln mit anderen Männern gedacht hatte.«

Gleichzeitig meint er, daß es sein höchstes Schicksal sei, zum Führer zu werden.

Das war es auch, doch in einer völlig anderen Revolution, einer, die ebenso packend und weitaus bleibender war.

Doch wieso sollte diese innere Revolution so quälend sein? Weil sie ganz und gar durch Instinkt und Vision vollendet werden muß.

Was hat er gegen den Führer? »›Ich möchte hören‹, sagte Känguruh, ›was du für triftige Argumente gegen mich hast.‹

›Es sind keine Argumente, Känguruh‹, sagte Richard, ›es ist eine Art Instinkt.‹«

Was für eine Aufgabe – dem Verstand einen Instinkt zu erklären!

Menschen, die den schmerzenden Zuckungen eines Instinkts ausgeliefert sind, werden von einer eigenartigen Verstimmung, einer Ratlosigkeit, düsteren Gefühlen gequält. Eine Intuition läßt sich rational nicht erklären, anderen Menschen nicht und noch nicht einmal sich selbst. Frauen kennen die Verzweiflung. Sie führt oft zur Hysterie, zu Tränen und Unvernunft. Der Instinkt ist da: in dem hektischen Bemühen um eine rationale Erklärung wird manchmal sogar eine erfunden, was die Verwirrung noch steigert. Lawrence hat keine

Erklärungen erfunden. Er hielt sich an den wortlosen Instinkt; doch er litt. Er war durcheinander und sich selbst zuwider. Nicht nur Harriets Geduld näherte sich dem Ende, sondern auch seine eigene: »Mit dem instinktiven leidenschaftlichen Ich läßt sich nicht streiten.«

Die innere Revolution, die an die Stelle derjenigen Känguruhs getreten ist, wird ungeheuer. Die Spannung mancher Kapitel gleicht der eines Alptraums.

Lawrence hatte mit seiner Intuition recht. Doch bevor er sich dessen gewiß ist, hat er Känguruh, seine Frau, seine Nachbarn und sich selbst gequält.

Und was ist die ganze Zeit die Ursache dieses Komplikationen erzeugenden Mechanismus in Lawrence? Es ist der schöpferische Trieb. Lawrence sollte genau dieses Buch ›Känguruh‹ schreiben, *eine Reflexion sämtlicher solcher Komplikationen.* Andere Menschen, die vom gleichen Geist der Intuition heimgesucht wurden, konnten diese Intuition dann klären, so daß ihnen viel von der Revolution erspart bliebe. Der Wahnsinn bei Lawrence bestand darin, einen Präzedenzfall zu schaffen, so daß andere Menschen ihre Gefühle als sinnvoll und normal erkennen könnten, wie die Schlußfolgerungen am Ende von ›Känguruh‹ zeigen.

Der arme Somers ist ebenso müde wie wir. Im achten Kapitel legt er ein neues Gelübde ab; er will auf nichts mehr mit dem überschwenglichen Ernst des Gefühls reagieren, sondern alles, was sich ergibt, mit einer gewissen Gelassenheit hinnehmen und nicht in Raserei Gericht halten, bevor er den Fall gehört hat.

Es ist ein Glück, daß das Gelübde erst im achten Kapitel abgelegt wird, denn sonst hätten wir nicht erfahren, daß Revolutionen besser in uns, in unserem Innern ausgefochten werden als *en masse*. Die Massen können Bomben werfen, aber sie können keine Seele erschaffen.

Lawrence gerät immer wieder in Verstrickungen und wird seiner Verstrickungen müde. Nichts ist entmutigender, unangenehmer als eine intuitiv erfaßte Wahrheit. Immer wieder kämpft er darum, sie in Worte zu fassen, und muß doch zugeben, daß er es nicht kann, daß er das Chaos hinnehmen muß. Als die Verletzlichkeit des Gefühls einen Höhepunkt erreicht, fast zum Wahnsinn wird, sucht er Zuflucht in der Natur. Er geht ans Meer.

»Und dort, die Hände in den Taschen, trieb es ihn in die Gleichgültigkeit.« (Känguruh liegt im Sterben.) »Die weit entfernte, entfernte, entfernte Gleichgültigkeit ... als wäre er auf einem anderen Planeten gelandet, gelandet gleichsam wie ein Mensch nach seinem Tode. Ließ er zurück mit dem Körper die Sorge. Mit dem Körper sogar das Verlangen. Abgeworfen. Alles, was ihm soviel bedeutet hatte, abgeworfen. Alles, die alte Welt und das Ich mit seiner Sorge, der schönen Sorge und der lästigen Sorge, abgeworfen wie die Hülle eines toten Körpers. ›Um was war ich besorgt? Um wen war ich liebend besorgt? Es gibt nichts, wofür man sich liebend einsetzen kann. Warum ringe ich mit meiner Seele? Ich habe keine Seele.‹«

Doch das ist »nur die große Pause zwischen dem liebenden Sorgen«.

Davor war es der Dämon, der in ihm war! Ein Dämon rastlosen Handelns, mit Ruhelosigkeit geschlagen, immer aufbrausend, immer bockig Schwierigkeiten *suchend*, sagt Harriet! Lawrence hat Somers den Teufel des Schöpfers gegeben – seinen eigenen Teufel! Es ist eine Kraft, die sich immer entladen muß und sich *zu entladen trachtet.* Bestenfalls eine selbstgeschaffene Stimulierung, die keinen friedlichen Augenblick zuläßt. Es ist ein immerwährendes Brodeln, eine Flucht vor dem Frieden. Schöpfer kennen das. »Um die Welt ist alles wohl bestellt«, sagt Harriet; »komm rein und trink Tee.« Doch der Teufel ist los. Und zerreißt den Firnis der Zufriedenheit, den Anschein des Wohlseins und wählt das Chaos. Denn im Chaos ist Leben, ein dunkles Leben, das durch Visionen erleuchtet werden muß. »Um die Welt ist alles schlecht bestellt«, sagt der Teufel im Schöpfer. »Ich kann nicht zum Tee kommen, bevor ich nicht Herr über das Chaos geworden bin.«

Und in gewissen Momenten ist er »eine Art menschlicher Bombe, im Innern völlig schwarz und geladen; ich hoffe, es kommt für mich die Zeit und der Ort, da ich mich entladen kann, da ich mit den größten Verheerungen explodieren kann. Manche Menschen müssen Bomben sein, *müssen explodieren und Löcher in die Mauern brechen, die das Leben einschließen.*«

Lawrence ist oftmals explodiert.

Im Roman wird tatsächlich eine Bombe geworfen, bei einem revolutionären Treffen. Dazu kommt noch Lawrence, die menschliche Bombe. Er ist der Führer seiner eigenen Revolution – der Ideen.

Die Begegnung von Somers und Känguruh ist furcht-, ja ehrfurchtgebietend; zwei verschiedene Kräfte stoßen aufeinander.

Känguruh ist Jude, in ihm ist »das allerbeste, was es im jüdischen Blut gibt: eine Fähigkeit zu reiner Selbstlosigkeit und warmer, körperlich warmer Liebe... und der Güte Jehovas«. Aber auch: »... die teuflisch gewitzte Durchtriebenheit des Willens. Er liebt die Menschheit mit einem großen, unpersönlichen Feuer.« Ein großmütiger, leidenschaftlicher Mann, der an die inspirierende Kraft der Liebe glaubte.

Somers: »Ich glaube nicht ganz, daß die Liebe einzig und allein die ausschließliche Kraft oder das Mysterium der lebendigen Inspiration ist.« Und er ergeht sich und entlädt sich in ziemlich mystischen und metaphysischen Gedankengängen. Känguruh kann ihm nicht folgen.

Wir müssen unser ganzes Wissen zusammenwirken lassen, um zu spüren, was Lawrence meint: daß das Phallische die andere und tiefer gehende Kraft ist. Doch Känguruh widerspricht: »Erfindest du nicht bloß andere Begriffe für dasselbe, was ich meine und das ich Liebe nenne?«

Und Somers schweigt.

»So kam ihm erneut die immer wiederkehrende Mahnung in den Sinn, daß manche Menschen aus eigener Entscheidung und eigenem Willen allein auf das lebendige Leben hören müssen, das eine steigende Flut in ihrem Dasein ist, und daß sie auf das Gebot hören, hören, hören und es beachten und erkennen und ihm gehorchen, sosehr sie nur können. Manche Menschen müssen nach dieser *unnachgiebigen inneren Natur leben*, egal, was die übrige Welt tut. Sie dürfen sich nicht vom Ansturm der Außenwelt mitreißen lassen: Doch wenn sie mitgerissen werden, müssen sie sich den Weg zurück erkämpfen.«

Känguruh ist einer Art kosmischer Liebe verfallen, wie man sie etwa bei Walt Whitman findet. Somers ist kosmischer Liebe gegenüber mißtrauisch. Denn die Schöpfung beginnt und endet im Kern der Individualität, und nur indem sie in Kunst aufgeht (wie Lawrences Werk in seiner Gesamtheit), dient sie auch dem Universum.

Als Känguruh stirbt, ergibt sich eine eigenartige Szene.

»Sag, daß du mich liebst«, fleht Känguruh.

»Nein«, antwortet Somers, »das kann ich nicht sagen.« Er konnte es nicht in Känguruhs Bedeutung des Wortes sagen; er blieb störrisch seiner Bedeutung des Wortes treu. In Känguruhs Wortbedeutung liebte er ihn nicht. In seiner eigenen vielleicht doch. An dieser Szene ist überhaupt nichts ungeheuerlich Inhumanes: Geprüft wird Somers' Treue zu seiner eigenen Seele.

Somers war von der menschlichen Größe Känguruhs mitgerissen worden, der mit seiner eigenen Aufrichtigkeit ein prächtiger, anziehender und überzeugender Mann gewesen war.

Doch Lawrence muß »nach dieser unnachgiebigen inneren Natur leben«, und deshalb muß er kämpfen, um sich selbst zurückzuerobern.

»›Wen gibt es, abgesehen von mir, dem du dich zugehörig fühlst – oder wer fühlt sich dir zugehörig?‹ fragte Harriet.

›Niemand.‹«

Känguruh war in der Außenwelt und auf seine Weise heroisch.

Lawrence ist in seiner Innenwelt, auf seine Weise, heroischer.

Känguruh hatte Anhänger.

Lawrence hatte niemand.

Der Dichter

Bei der Betrachtung von Lawrences Gedichten ist es notwendig, zwei Gruppen zu unterscheiden; auf der einen Seite jene, die lediglich erklärenden und didaktischen Charakter haben, in denen er Gedanken wiederholte, die in seiner Prosa besser ausgedrückt werden und eigentlich der Prosa zuzurechnen sind, und auf der anderen Seite die verhältnismäßig wenigen Gedichte, in denen der wahre Dichter natürlich und unmittelbar sprach. Lawrence hat diese Aufteilung selbst als notwendig erkannt, als er in ›Chaos in der Poesie‹ schrieb: »Am besten sind die durchtränkten Fragmente, jene, die nur mit den Sinnen zu begreifen sind, mit einem Sehen, das zum Tasten und Klingen wird, dann wieder ein Tasten, und aus dem Sprudeln birst ein Bild hervor.«

Es ist, selbst wenn es notwendig wäre, unmöglich, diese »durchtränkten Fragmente« zu kritisieren. In seinem Essay ›Criticism of Poetry‹ (in ›This Quarter‹) hat Edward Titus das Wesen der Schwierigkeit deutlich zum Ausdruck gebracht: »Summarisch gesagt: Poesie, wie wir sie auffassen, eignet sich ihrer Natur nach nicht zur literaturkritischen Betrachtung. Poesie kann gesungen werden, sie kann laut oder still für sich gelesen werden; Poesie kann geträumt, sie kann gelebt, gelacht, geliebt oder gehaßt werden; sie kann diskutiert werden, wie man es mit einem angenehmen oder unangenehmen Erlebnis tun würde; sie kann mit Gleichgültigkeit behandelt oder ignoriert werden, gefallen oder mißfallen, sie kann ein oder kein Ansporn sein, doch man kann ebensogut den Mond anbellen als sie kritisieren.«

Das gilt besonders für die Gruppe von Gedichten mit dem Obertitel »Geschöpfe« in dem Band ›Vögel, Tiere und Blumen‹. Denn hier finden sich nicht nur scharfsichtige Beobachtungen der Natur, sondern auch ein seltsames Eindringen in Leben und Welt der Tiere und die Identifikation damit. An Beispielen für Lawrences Gabe, sich in die Natur hineinzuversetzen, fehlte es in seiner Prosa nicht. Man braucht sich nur an die Passage in ›Liebende Frauen‹ zu erinnern, wo Gudrun die Wasserpflanzen betrachtet: »Doch sie erlebte mit, wie die Stiele sich fleischig strotzend aus dem Schlamm emporstreckten, sie *wußte förmlich mit eigenen Sinnen*, wie sie saftig und steif der Luft standhielten.«

Auf gleiche Weise verschließt Lawrence in diesen Gedichten seine menschlichen Sinne, um für einen Augenblick in den Sinnen des Tieres zu leben, dessen Welt er betritt. Er schreibt den Tieren keine menschlichen Gefühle zu, wie es sentimentale Dichter gewöhnlich getan haben, sondern erkennt ihnen jene Gefühle zu, die er sich als ihre vorstellt und die nur wenig oder gar keine Verwandtschaft mit unseren Gefühlen haben. In dem Gedicht »Fisch« zum Beispiel *sehen* wir nicht nur auf einen Fisch, denn dann wäre er »silbrig« und »schliefe schwimmend«. Wie durch einen Zauber werfen wir vielmehr unsere menschlichen Gefühle wie ein Kleidungsstück ab, um in die fremdeste aller fremden Welten zu gelangen – die Welt der Fische:

»Aqueous, subaqueous,
Submerged
And wave-thrilled.

As the waters roll
Roll you.
The waters wash,
You wash in oneness

And never emerge.

Never know,
Never grasp.

Your life a sluice of sensation along your sides,
A flush at the flails of your fins, down the whorl of
your tail,
And water wetly on fire in the grates of your gills;
Fixed water eyes.«

Im Wasserlauf, unter Wasser,
Untergetaucht
Und wellengepackt.

Fließen die Wasser

Fließt du.
Die Wasser strömen,
Du strömst in Einheit

Und tauchst nie auf.

Erkennst nie,
Begreifst nie.
Dein Leben eine Schleuse des Empfindens an deinen
Seiten,
Entbrannt an den Flanken deiner Flossen, hinab in den
Quirl deines Schwanzes,
Und Wasser in nassen Flammen in den Gittern deiner
Kiemen;
Feste Wasser Augen.

Das ist von ebenso starker wortloser Suggestivkraft wie Musik, wie zum Beispiel der ›Poisson d'Or‹ von Debussy.

»To sink, and rise,
And go to sleep with the waters:
. . . .
Loveless and so lively!«

Zu sinken und steigen,
Und einzuschlafen mit den Wassern:
. . . .
Lieblos und so lebhaft!

Langsam wird ihm klar, daß in dem »gefühllosen« Leben des Fisches eine andere Welt vorhanden ist:

»I didn't know his God,
. . . .
I am not the measure of creation.
. . . .

His God stands outside my God.
And the gold-and-green pure lacquer mucus comes off
in my hand,
And the red-gold mirror-eye stares and dies,
And the water-suave contour dims.

But not before I have had to know
He was born in front of my sunrise,
Before my day.«

Ich kannte nicht seinen Gott,

. . . .

Ich bin nicht das Maß der Schöpfung.

. . . .

Sein Gott steht außerhalb von meinem Gott.
Und die goldgrüne reine Lackschicht des Schleims löst
sich in meiner Hand,
Und das rotgoldene Spiegelauge starrt und erstirbt,
Und der wassersanfte Umriß verblaßt.

Doch nicht bevor ich erfahren mußte,
Wurde er geboren unter meinem Sonnenaufgang,
Vor meinem Tag.

Hier ist es fast so, als wäre er in einer Trance, in der er sich mit einer anderen Ebene des Daseins verständigt. Er nähert sich den Dingen mit wachem Empfindungsvermögen und hinterläßt uns ein vollständig objektives Bild:

»No fingers, no hands and feet, no lips;
No tender muzzles,
No wistful bellies,

. . . .

. . . they swarm in companies
But soundless, and out of contact.
A magnetism in the water between them only.

. . . .

And their pre-world loneliness,
And more-than-lovelessness,
They move in other circles.«

Keine Finger, keine Hände und Füße, keine Lippen;
Keine zarten Mäuler,
Keine schmachtenden Bäuche,

. . . .

. . . sie schwärmen in Gesellschaft
Doch geräuschlos und ohne Berührung.
Allein ein Magnetismus im Wasser zwischen ihnen.

. . . .

Und ihre vorweltliche Einsamkeit,
Und Mehr-als-Lieblosigkeit,
Sie bewegen sich in anderen Kreisen.

Die gleiche scharfe Beobachtungsgabe zeigt er, wenn er eine Baby-Schildkröte betrachtet:

»To take your first solitary bite
And move on your slow, solitary hunt.
Your bright, dark little eye,
Your eye of a dark disturbed night,

And its slow lid, tiny baby tortoise,
So indomitable.
Do you wonder at the world, as slowly you turn your
head in its whimple,
And look with laconic, black eyes?
Or is sleep coming over you again,
The non-life?«

Deinen ersten einsamen Bissen zu nehmen
Und dich auf deine langsame, einsame Jagd zu begeben.
Dein helles, dunkles kleines Auge,
Dein Auge einer dunklen gestörten Nacht,
Unter seinem langsamen Lid, winzige Baby-Schild-
kröte,
So unbezwingbar.

Staunst du über die Welt, während du langsam den
Kopf in seinem Wimpel drehst,
Und schaust mit dunkel-lakonischen Augen?
Oder kommt wieder der Schlaf über dich,
Das Nicht-Leben?

Das »Nicht-Leben« bestimmter Tiere fasziniert Lawrence. »Nicht-Leben« besonders im Vergleich mit unserem geistigen Leben und seinen Aktivitäten, aber ein Leben auf einer anderen, vielleicht undeutlich erinnerten Ebene, die mit Lawrence wiederzubetreten, ein seltsames Gefühl hervorruft.

»Fulfilled of the slow passion of pitching through im-
memorial ages

Your little house in the midst of chaos.«

Erfüllt von der langsamen Leidenschaft, durch unvordenkliche Zeiten
Dein kleines Haus inmitten des Chaos zu tragen und aufzuschlagen.

So wie er den alten Kult der Phallusverehrung wiederbelebt hat, so belebt er auch andere vergessene Welten wieder, die in unseren Erinnerungen begraben waren. So in dem Gedicht »Kolibri«:

»I can imagine, in some other world
Primeval-dumb, far back,
In that most awful stillness, that only grasped and hummed,
Humming-birds raced down the avenues.«

Ich kann mir vorstellen, daß in einer anderen Welt
Urzeitlich-stumm, weit zurück,
In der allerschrecklichsten Stille, die nur keuchte und summte,
Summende Kolibris durch die Avenuen rasten.

Die Schlange »kommt aus den brennenden Eingeweiden der Erde«. Und der Esel:

»His big, furry head,
His big, regretful eyes,
His diminished, drooping hindquarters,
His small toes
. . . .

He regrets something that he remembers.«

Sein großer felliger Kopf,
Seine großen bedauernden Augen,
Sein geschwächtes, abfallendes Hinterteil,
Seine kleinen Zehen
. . . .
Ihn dauert etwas, woran er sich erinnert.

In seinen weniger gelungenen Gedichten schafft Lawrence es nicht, ganz in der Welt der Natur zu bleiben. Zu oft zieht er dann das Tierleben oder die Natur heran, um ein menschliches Prinzip oder Gefühl zu bebildern. Und dann entstehen gemischte Welten und gemischte Metaphern, seine Pflanzen und Tiere verlieren ihre Identität, und seine Abstraktionen werden dadurch auch nicht klarer. Im Unterschied zur Prosa ist Poesie im wesentlichen jener ekstatische Moment, einem Moment in der Musik gleich, in dem die Sinne und die Imagination verschmelzen, sich entzünden und entflammen. Lawrence hatte viele solcher Momente, doch nicht alle erreichten jene Weißglut des Verschmelzens. Als Ideen sind sie selbstverständlich immer interessant und augenöffnend, doch gewöhnlich drückte er sie passender in seiner Prosa aus.

Daß Lawrence jedoch durchaus fähig war, seine philosophischen Ideen in Dichtung umzuschmelzen, zeigt sich in seinem Gedicht »Der neue Himmel und die neue Erde«. Nirgendwo in seiner Prosa trieb es Lawrence weiter in mystische Erfahrungen, und gleichzeitig hält das Gedicht unablässig einen angemessenen hohen Ton und eine tiefe rhythmische Unterströmung bei, die einen Höhepunkt erreicht, als er die »unbekannte Welt« betritt und sie in Besitz nimmt.

Das Gedicht beginnt mit einer einfachen Beschreibung seiner »alten Welt«, der Alltagswelt, deren Teil er in viel zu großem Maße gewesen war:

»I was so weary of the world,
I was so sick of it,
Everything was tainted with myself,
. . . .
. . . it was all tainted with myself,
I knew it all to start with
Because it was all myself.«

Ich war der Welt so müde,
Ich war ihrer satt bis zum Erbrechen,
Alles war mit meinem Ich befleckt,
. . . .
. . . es war alles mit meinem Ich befleckt,
Ich wußte alles von Anfang an,
Denn alles war ich selbst.

Er hatte das äußerste Bewußtsein von sich selbst erreicht.

»When I gathered flowers, I knew it was myself plucking my own flowering.«

Wenn ich Blumen pflückte, wußte ich, das war ich selbst, der sein eigenes Blühen ausriß.

Während er dieses Alltagsleben lebt und sich geistig am Geist der Alltagswelt und dessen Aktivitäten beteiligt und darin aufgeht, wird ihm klar, daß er zum untrennbaren Bruchteil dieser Welt geworden ist. Solange er sich mit dieser Welt identifizieren sollte, war er auch dafür verantwortlich; alles war in ihm, und er war in allem. Er war dessen Schöpfer, bis er anfangen sollte, etwas Neues zu schaffen. Hier finden wir einen Gedanken wieder, den wir von Lawrence bereits kennen, daß nämlich die Evolution des Universums sich verkleinert im Bild unserer individuellen Seelenentwicklung spiegelt:

»When I saw the torn dead I knew it was my own torn
dead body
It was all me, I had done it all in my own flesh.

. . . .

I was the God and the creation at once;
Creator, I looked at my creation;
Creator, I looked at myself, the creator.«

Als ich den zerrissenen Toten sah, wußte ich, es war
mein eigener zerrissener toter Körper
Das war alles ich, ich hatte das alles in meinem eigenen
Fleische getan.

. . . .

Ich war der Gott und die Schöpfung zugleich;
Als Schöpfer schaute ich auf meine Schöpfung;
Als Schöpfer schaute ich auf mich, den Schöpfer.

Deswegen muß der Schöpfer sterben, er muß sich selbst begraben und damit seine Welt, seine Schöpfung, die er war. Hier folgt unausweichlich der Prozeß der Auflösung, der, wie Lawrence glaubte, Teil des Kreislaufs war, den jede Seele durchlaufen muß, um zum Leben zu gelangen.

»At last came death, sufficiency of death,
And that at last relieved me, I died.
. . . .
Dead and trodden to naught in the sour black earth
Of the tomb; dead and trodden to naught, trodden to
naught.«

Endlich kam der Tod, der ausreichende Tod,
Und das erleichterte mich endlich, ich starb.
. . . .
Tot und zu nichts zertreten in der sauren schwarzen
Erde
Des Grabes; tot und zu nichts zertreten, zu nichts zertreten.

Und damit gelangt er zum ewigen Nichtsein, das, wie er in ›Italienische Dämmerung‹ sagte, das gleiche wie das ewige Sein ist: das anscheinende Paradox, daß in der Schlußanalyse das Positive auf das Negative stößt, daß ewiges Sein und ewiges Nichtsein demselben Ursprung entstammen und dasselbe Ergebnis zeitigen, eine Erkenntnis, die zum gemeinsamen Besitz aller großen Mystiker gehört.

»For when it is quite, quite nothing, then it is every-
thing;
When I am trodden quite out, quite, quite out,
Every vestige gone . . .«

Denn wenn es ganz, und gar nichts ist, dann ist es alles;
Wenn ich ganz zertreten bin, ganz und gar zertreten,
Jede Spur verschwunden . . .

In jenem Augenblick, da die Welt in ihm und er mit ihr starb, in jenem Augenblick ist er erstanden:

»Risen, and setting my foot in another world
Risen, accomplishing a resurrection . . .«

Erstanden, und ich setze meinen Fuß in eine andere
Welt
Erstanden, erlebe ich eine Auferstehung . . .

Und somit entdeckt er eine neue Welt:

». . . that which was verily not me . . .
. . . .
It was the unknown.«

. . . das, was wahrlich nicht ich war . . .
. . . .
Es war das Unbekannte.

»Der neue Himmel und die neue Erde« ist eine Allegorie des weiten Erfahrungskreises, den Lawrence durchschritt. Indem er die Grenzen der Erfahrung und des Verstehens immer weiter ausdehnte, war es unvermeidlich, daß er die Bruchstelle seiner eigenen Auflösung erreichte, durch die er wiederum an die geheimen Mysterien der Erde rührte und damit neue Quellen der Kraft und eines tieferen Lebens fand:

»The unknown, strong current of life supreme
Drowns me and sweeps me away and holds me down
To the sources of mystery, in the depths,
Extinguishes there my risen resurrected life
And kindles it further at the core of utter mystery.«

Der unbekannte, starke Strom des höchsten Lebens
Ertränkt mich und reißt mich fort und führt mich hinab
Zu den Quellen des Mysteriums, in die Tiefen,
Löscht dort aus mein erstandenes auferstandenes Leben
Und entflammt es weiter im Kern des höchsten Mysteriums.

›Prinzessin‹

Eine Erzählung

›Prinzessin‹ ist ein Märchen der geheimnisvollen Individualität. Ihr Vater sagt ihr: »Die Leute wissen nicht, was sie reden und tun ... Es ist alles Quatsch. In jedem Menschen ist noch ein anderer drin, ein Dämon, den das alles nichts angeht. Wenn du all ihr Getue von ihnen abschälst ... kommt ein grüner Dämon zum Vorschein, den man nicht wegschälen kann. Und dieser grüne Dämon ändert sich nicht, und ihn berührt es gar nicht, was den Außenschalen der Menschen geschieht ...

Und deshalb wird dir nie viel an den Menschen in der Welt liegen. Denn ihre Dämonen sind niedrig und sterben ab.« Die arme kleine Prinzessin wird der Zurückhaltung geweiht, der »Unmöglichkeit menschlicher Nähe«.

»Sie war die Prinzessin, und sardonisch blickte sie auf eine Welt ohne Prinzen ...«

Sie verkörperte gewissermaßen den geruchlosen, verfeinerten und wurzellosen Mystizismus, von dem Lawrence nichts hielt. Sie sollte, ginge es nach seiner Philosophie, bald sterben. Ihre Distanziertheit war heilig, aber auch tödlich.

Als ihr Vater stirbt, bleibt sie allein auf der Welt. Sie geht auf Reisen, bereist Neu-Mexiko. Dort unternehmen sie und eine Freundin einen längeren Ausflug zu Pferde, und Romero ist ihr Führer. Romero ist ein Mexikaner, der die Prinzessin interessiert. Auf dem Ausflug wird eins der Pferde verletzt. Miss Cummins, die Freundin, kehrt nach Hause zurück. Die Prinzessin und der Führer reiten weiter und erreichen einen Berggipfel.

Zwischen beiden herrschte eine gewisse Anziehung, doch als Romero das ausnutzt und ihren Willen zwingt, sie zu besitzen, und sie auch körperlich besitzt, kann er sie doch nicht *erobern.* Wieso kann er sie nicht erobern? Es ist der Dämon, der sich nicht wegschälen läßt ... das wahre Ich, dem es ganz egal ist, was seinen Außenschalen geschieht.

Romero geht mit Gewalt auf die Prinzessin los, doch sie unterwirft sich nicht, und sie stirbt auch nicht. Lawrences Philosophie kommt nicht dazwischen. Er erzählt vom *Mysterium* der Individualität ...

›Lady Chatterley‹

In ›Lady Chatterley‹ erreicht Lawrences Werk seinen Höhepunkt. Paradoxerweise ist es gleichzeitig sein fleischlichstes wie auch sein mystischstes Werk. Künstlerisch ist es sein bester Roman, weil darin eine Idee mit Intensität und Klarheit zu ihrem logischen Ende geführt wird. Kampf und Chaos waren in seinen vorangegangenen Romanen ausgebrannt, und Lawrence konnte zum erstenmal »mit einer reinen weißen Flamme brennen«, um es mit den Worten Walter Paters zu sagen. Das Ergebnis ist unsere einzige vollkommene moderne Liebesgeschichte.

Lawrence erzählte diese Geschichte mit den beiden vereinten Kräften seines sinnlichen Verständnisses der Wirklichkeit und seines dichterischen Symbolismus. Mit dem Symbolismus brachte er Vorstellungen zum Ausdruck, die zu subtil waren, um den Verstand unmittelbar zu erreichen. Ich meine damit nicht den offensichtlichen Symbolismus von Cliffords Lähmung, den der Szene, in der Lady Chatterley über die eben geschlüpften Küken weint (weil sie sich ein Kind wünscht), den von Mellors' Tätigkeit als Wildhüter (symbolisch für eine Kraft, die der Erde nahe ist), sondern die realen Darstellungen der Vereinigung Lady Chatterleys mit ihrem Liebhaber. Hier geht der Rhythmus der Gefühle eine Verbindung mit dem tieferen Rhythmus der Natur an sich ein (eine den Dichtern vertraute Empfindung), und Lady Chatterley hat das Gefühl, in die tiefsten Ursprünge der Schöpfung zu sinken.

Was Lawrence mit seiner Intensität des Stils und des Gefühls ausdrückte, war eine alte philosophische Wahrheit, die aber allen verborgen blieb, außer den Mystikern: Eine Erfahrung führt oft aus sich selbst hinaus in ihr Gegenteil, vorausgesetzt, sie wird mit Intensität und Aufrichtigkeit erlebt. Novalis nannte das die »Vollkommenheit des Unbedingten« und sagte: »Alles unbedingte Empfinden ist religiös.«

Viele sind von seiner Intensität in Sachen Sexualität schockiert gewesen, doch in Wahrheit war es gerade diese Intensität, die ihn dazu brachte, die »Ekstase des Fleisches, die verwandelt«, zu beschreiben, und ihn zu dieser Vorstellung von der Ehe führte: ». . . eine Ehe ist keine Ehe, wenn sie nicht von Grund auf und dauerhaft phallisch ist und wenn sie nicht verbunden ist mit der Sonne und der Erde, dem Mond und den Fixsternen und den Planeten, im Rhythmus der Tage, im Rhythmus der Monate, in den Rhythmen der Quartale, der Jahre, der Jahrzehnte und der Jahrhunderte. Eine Ehe ist keine Ehe, wenn sie nicht eine Übereinstimmung des Blutes ist. *Denn das Blut ist die Substanz der Seele und vom tiefsten Bewußtsein.*«

Der Realismus ist somit lediglich ein Anfang, eine Grundlage.

Unsere Generation hat es vorgezogen, in ›Lady Chatterley‹ nur einen gelegen kommenden, in starker Sprache abgefaßten Ausdruck ihrer Auflehnung gegen die bläßliche idealistische Liebe der Vergangenheit und eine trotzige Rechtfertigung eines Lebens der freien körperlichen Empfindungen zu sehen. Doch hätte Lawrence es darauf abgesehen gehabt, die bloße körperliche Empfindung um ihrer selbst willen zu rechtfertigen, hätte er bei den Darstellungen der körperlichen Akte haltgemacht. Wie aber die Dinge liegen, hat ihn zumindest ein französischer Kommentator zur Rechenschaft gezogen, die sexuelle Erfahrung zu überhöhen und sie mit Mystik zu umgeben.

Wenn sein Werk für manche nichts weiter als kruder Realismus ist, so ist es für andere, die das Poetische erkennen, viel mehr als das: Die Prosa ist lyrisch wie sinnlich, die Darstellungen sind voller Empfindsamkeit wie Grobheit, voller Schönheit wie Obszönität. Ein kraftvoller und ungestümer Stil trägt die Last heftiger körperlicher und imaginativer Gefühle und vereint sie am Ende in einer brillanten Verschmelzung von Körperlichkeit und Mystik.

Warum die Grobheit und Obszönität der Sprache? Weil es Lawrence vor allem um seinen *Anfang* ging, weil er einen neuen Anfang in der Liebe machen wollte. Und da war es zuerst notwendig, die geistig ausgerichtete Liebe zu entthronen. Lawrence wurde nie müde, uns darauf aufmerksam zu machen, daß »geistige und charakterliche Affinität eine hervorragende Grundlage für die Freundschaft zwischen den Geschlechtern ist, aber eine unheilvolle Grundlage für die Ehe«. Warum? Weil damit oft die Leugnung der tieferen Bedürfnisse unserer Natur einhergeht. Deswegen plädiert er für einen instinktiven Anfang. In ›Lady Chatterley‹ gibt er uns ein ehrliches Bild aller Aspekte und Stimmungen der körperlichen Liebe. Doch ist er weder ein wissenschaftlicher noch ein pornographischer Schriftsteller. Selbst wenn er am naturalistischsten und anscheinend obszön ist, gibt es einen Grund für die obszönen Wörter. Das nämlich sind die Wörter, von denen Lawrence glaubte, daß man allein mit ihnen den Kontakt mit der sexuellen Leidenschaft, die der Kult des Idealismus für uns verzerrt hatte, wiederherstellen könne. Sein Krieg galt der Sprache des Verschweigens und der ausweichenden Ausflüchte, die zu einem Leben und Denken des Verschweigens und der Ausflüchte führt.

Die Liebe war von den Idealisten zur Karikatur verzerrt worden. Mit ihrer Assoziationskraft weckten die Wörter, die sie benutzten, hochfliegende Verzückungen oder ängstliche Reaktionen im Kopf, die keinerlei Verbindung mit der sinnlichen Liebe hatten und deshalb »Fälschungen« waren. Lawrence nahm die nackten Wörter und benutzte sie, weil sie Wirklichkeiten vermittelten, die wir nicht nur aktiv, sondern auch gedanklich ausagieren sollten. Denn Lawrence hatte nicht die Absicht, mit ›Lady Chatterley‹ alle Menschen zu sexueller Aktivität zu treiben; es sollten nur die Menschen aktiv werden, die es mußten. Aus der modernen Psychologie wissen wir, was aus Gefühlen wird, die nicht aufrichtig und natürlich ausgelebt werden: Sie kehren später in pervertierter Form wieder. Und daher wissen wir auch, daß in uns kein Gefühl erweckt werden kann, wenn es in uns nicht angelegt ist; es können uns keine Ideen in den Kopf gesetzt werden; sie können sich nur dann entwickeln, wenn ihr Same in uns bereits keimt. ›Lady Chatterley‹ konnte nur jene Menschen erwecken, die sich danach sehnten, erweckt zu werden. Die andern müssen durch die Erfahrung hindurch, nicht körperlich, sondern geistig. Lawrence selbst sagt dazu: »Genau darum geht es mir in dem Buch. Ich will, daß Männer und Frauen fähig werden, *sexuell* zu denken, völlig, vollständig, aufrichtig und sauber.« Nun läßt sich das aber nicht erreichen, wenn wir Angst vor Wörtern haben.

Als Lawrence Lady Chatterley und Mellors zurück zu den Ursprüngen und der Grundlage der sexuellen Liebe geführt hatte, kam das seinem imaginativen Schritt zurück ins Primitive gleich, der, wie wir gesehen haben, keine dauerhafte Rückkehr war, sondern nur ein kurzes Wiedereintauchen, um an der Quelle wiederbelebt zu werden, damit wir mit neuer Kraft voranschreiten könnten. Im Buch können Lady Chatterley und Mellors weitermachen, weil sie Erfüllung finden – sie in der Mutterschaft und er im Aufbau einer gemeinsamen Welt für sie beide und am Ende beide in der Keuschheit. Denn jetzt kann zwischen ihnen Keuschheit herrschen. Es gibt wenige Romanschlüsse, die von so heiterer Gelassenheit zeugen wie das Ende von Mellors' Brief an Lady Chatterley: »Ich liebe die Keuschheit jetzt, die zwischen uns fließt ... Wir könnten keusch zusammensein ... Wir vertrauen auf die kleine Flamme, auf die namenlosen Götter, die sie davor behüten, ausgelöscht zu werden ... So glaube ich denn an die kleine Flamme zwischen uns. Für mich ist sie jetzt das einzige in der Welt ...«

Elizabeth von Arnim

Die Frau in der Literatur

Elizabeth auf Rügen

Roman
Ullstein Buch 30228

Vater

Roman
Ullstein Buch 30272

Die sieben Spiegel der Lady Frances

Roman
Ullstein Buch 30292

Fräulein Schmidt und Mr. Anstruther

Briefe einer unabhängigen Frau
Ullstein Buch 30314
Erscheint im September 1993

Erinnerungen an
Mary Wollstonecraft
Das Unrecht
an den Frauen
oder:
Maria
WILLIAM GODWIN
Erinnerungen an Mary Wollstonecraft
Mit einem Nachwort von
Ingrid von Rosenberg
Ullstein Buch 30299

SUZANNE PROU
Edmée im Spiegel
Roman
Mit einem Nachwort von
Rita Mielke
Ullstein Buch 30301

GERHART HAUPTMANN
Buch der Leidenschaft
Mit einem Nachwort von
Ulrich Lauterbach
Ullstein Buch 30302

ANNA ELISABET WEIRAUCH
Der Skorpion
Roman
Mit einem Nachwort von
Michael Fisch
Ullstein Buch 30307

MARGRIT SCHRIBER
Tresorschatten
Roman
Mit einem Nachwort von
Walter Helmut Fritz
Ullstein Buch 30309

LINA WERTMÜLLER
Iris und der Scheich
Roman
Mit einem Nachwort von
Dagmar Türck-Wagner
Ullstein Buch 30316

NELE POUL SOERENSEN
Mein Vater Gottfried Benn
Erinnerungen
Ullstein Buch 30317

MARIA LOUISA BOMBAL
Die neuen Inseln
Erzählungen
Mit einem Nachwort von
Thomas Brons
Ullstein Buch 30321

BRIGITTE SCHWAIGER/
EVA DEUTSCH
Die Galizianerin
Mit einem Nachwort von
Barbara Kunze
Ullstein Buch 30322